THE ANGEL OF RAIN

THE ANGEL OF RAIN

POEMS BY GASTÓN BAQUERO

Translated by Greg Simon *and* Steven F. White

EASTERN WASHINGTON UNIVERSITY PRESS

10 09 08 07 06   5 4 3 2 1

The Press wishes to thank Pío E. Serrano, editor of Baquero's *Poesía completa* (Madrid: Editorial Verbum, 1998), from which the Spanish texts reproduced here were drawn, and Rita Pérez Baquero, Gastón Baquero's niece and literary executor, for their kind permission to reprint the Spanish poems included in this anthology.

A number of the translations in this volume were first published in the following periodicals: *91st Meridian, Portland Magazine, Callaloo,* and *Northwest Review.*

Cover and interior design by A. E. Grey.

Cover illustration: Portrait of Gastón Baquero, by Sylvain Mâlet (oil on canvas, 1993, 64 cm x 81 cm).

Library of Congress Cataloging-in-Publication Data

Baquero, Gastón.
  [Poems. English Selections.]
  The angel of rain : poems / by Gastón Baquero ; translated by Greg Simon and Steven F. White. — 1st ed.
    p. cm.
  Selections taken from: Poesía completa (Madrid : Editorial Verbum, 1998).
  Includes bibliographical references.
  ISBN 1-59766-016-7
  Baquero, Gastón—Translations into English. I. Simon, Greg. II. White, Steven F., 1955– III. Title.
   PQ6603.A5A2 2006
   861'.64—dc22

                                                  2006016514

♾ The paper used in this publication meets the minimum requirements of ANSI/NISO Z39.48-1992 (Permanence of Paper).

Eastern Washington University Press
Spokane and Cheney, Washington

CONTENTS

ix I xv   *Prólogo: En ambas riberas* I *Prologue: On Both Shores*
Pío E. Serrano

PART ONE

4   Génesis I Genesis

6   Adán en el Paraíso I Adam in Paradise

8   Alborada I Dawn

10 Poemas de la lluvia I Rain

20 El río I The River

22 Poema I Poem

24 Arpa I The Harp

26 Soneto a la rosa I Sonnet to the Rose

28 Homenaje a Jean Cocteau I Homage to Jean Cocteau

32 "La luna es el sol de las estatuas" I "The Sun of the Statues Is the Moon"

34 Luna I Moon

36 Nocturno luminoso I Luminous Nocturne

40 La esperanza I Hope

44 Testamento del pez I Testament of the Fish

PART TWO

56 Recuerdo | Memory

58 Silente compañero | Silent Companion

66 El jardín de la muerte | The Garden of Death

68 La casa en ruinas | The Ruined House

70 Soneto | Sonnet

72 Carta en el agua perdida | Letter Lost on the Water

82 Manos | Hands

86 Epicedio para Lezama | Epicedium for Lezama

88 La luna y el naranjo | The Moon and the Orange Tree

90 F. G. L.

93 | 99 Epílogo de los traductores | Translators' Afterword

105 Glosario onomástico | Glossary of Names

113 Bibliografía selecta | Selected Bibliography

115 About the Translators

Sure as life holds all parts together, death holds all parts together;
Sure as the stars return again after they merge in the light,
*   death is great as life.*

—WALT WHITMAN

PRÓLOGO: EN AMBAS RIBERAS

GASTÓN BAQUERO (CUBA, 1918–ESPAÑA, 1997) llega a la poesía cubana en un momento señalado por José Lezama Lima como estado de concurrencia poética. A finales de los años treinta un pequeño grupo de jóvenes poetas se disponía a asaltar un escenario literario codificado por el conformismo autocomplaciente y la mediocridad altisonante. Alrededor de la figura magistral de Lezama Lima fermentaba la generación o grupo Orígenes, identificado con la revista homónima (1944–1956), publicación emblemática de la nueva sensibilidad. Los origenistas irán segregando diferenciados y singularísimos cuerpos poéticos que incorporan hallazgos tan disímiles como los provenientes de la tradición lírica española de los siglos de oro, del imaginismo anglosajón, del surrealismo francés (menos), así como de las opulentas islas poéticas que fueron Whitman, Valéry, Rilke y Eliot.

Pronto quedó definido el insólito carácter innovador del grupo, y las dos vertientes de expresión que lo conformaron se pudieron leer en textos tan tempranos como *Muerte de Narciso* (1937) y *Enemigo rumor* (1941), que adelantaban la nutricia y enigmática propuesta de Lezama Lima; y "Testamento del pez" y "Palabras escritas en la arena por un inocente" (1941), donde se encarnaban el reflexivo y versicular diálogo ante la substancia del universo, la penetrante y sorprendente plenitud del canto de Gastón Baquero.

Lezama Lima representa la postura extrema del acto poético mediante una inmersión absoluta en la intimidad del lenguaje, monólogo deslumbrante. Responde el autor de *Paradiso* a un impulso poético dominado por el Eros insaciable de la palabra que renuncia, por insuficientes e imperfectas, a la lógica, la armonía y la unidad, para instalarse en un sistema que busca lo incondicionado poético en la vivencia oblicua, el método hipertélico o la hipóstasis de la poesía, es decir, la elaboración de lo imposible creíble, en frase de Vico que le gustaba repetir.

Baquero, por su parte, opta por abrirse a la apropiación y el reordenamiento de una memoria que le permita una reflexión no sobre, sino desde la simultaneidad de los tiempos, nunca para sobrecargar u ocultar, sino para hechizar y revelar. Baquero se nos presenta como el espectador que testimonia una herencia que integra y reordena, amplifica y subvierte, pero que, sobre todo, es resistencia a la muerte y a su corolario, el olvido.

Gastón Baquero pertenece a esa rara minoría de poetas que, como Rimbaud o Eliot, desde sus poemas inaugurales se revelan suficientes. Cintio Vitier escribió sobre el puñado de versos con los que Baquero se dio a conocer: "Sus poemas llegaban y se establecían en la luz como si siempre hubieran estado ahí, familiares en su secreto y en su grave magnitude." Y María Zambrano señaló desde sus primeras lecturas "la suntuosa sensualidad" de aquellos poemas iniciales y que probaban "que la suntuosa riqueza de la vida, los delirios de la sustancia están primero que el vacío." Son los tiempos de "Testamento del pez," o el sueño de las formas y las metamorfosis desde las que el poeta contempla la ciudad, su ciudad, testigo de lo cotidiano y de lo mágico, y nos la devuelve en una sustancia nueva, felizmente tocada por el ángel de la revelación; y de los espléndidos pasajes de "Génesis," "Adán en el Paraíso," "Alborada," "Poemas de la lluvia," "La luna es el sol de las estatuas," "Recuerdo" y el estremecedor soneto dedicado a García Lorca "F.G.L."

A partir de 1942, durante varias décadas, Gastón Baquero pareció callar su poesía. Volcado en el periodismo, el poeta se hace invisible. Desde su llegada a España—exiliado en 1959—Baquero recupera la palabra poética y así, en 1966, da a conocer su *Memorial de un testigo*, saludado con entusiasmo por algunos de los más jóvenes poetas españoles. Lejos de cultivar el desencanto y el resentimiento, sus nuevos poemas se inscriben en el encantamiento del lenguaje y elaboran un sorprendente espejo que lo devuelven en una lúdica y maravillosa lucidez expresiva. Obra escrita desde la madurez vital y emocional del autor, no se puede asegurar que alcanzara en ella el momento culminante de su poesía. Desde la sombra poderosa de su primera obra, su escritura puede permitirse la opulenta humildad de desconocer el progreso, esa distracción. Si éste no es un texto superior a sus anteriores escritos no lo es por depreciación actual, sino por el desbordamiento, la saturación anterior.

Instalado en esta nueva etapa de su escritura, Baquero da preferencia a un discurso poético más próximo a la oralidad. A la tradición coloquial del imaginismo, une una tenue ironía que matiza sus poco frecuentes efusiones retóricas. Parte de su poesía posterior busca el tono conversacional e íntimo, si bien la expresión permanece atenta a todo exceso, alerta a toda hipérbole. En un ensayo sobre Cernuda, Baquero anuncia su propia poética: "alcanzar una voz directa, desnuda, hecha de la economía de lo imprescindible y suficiente para expresar los sentimientos y las ideas." Buena muestra de ello son sus poemas "Homenaje a Jean Cocteau," "Nocturno luminoso" y "Silente compañero."

En 1984 se publican en Madrid los poemas completos de Baquero bajo el título de *Magias e invenciones*, y en 1991 aparece su último libro unitario, *Poemas invisibles*, sobre el que el poeta español Luis Antonio de Villena escribió: "Es un conjunto de textos donde la cultura más refinada se alía con el sueño y la fantasía, la invención se mezcla con la música, el versículo se enseñorea y reina, y la metafísica se abraza con la ironía a la par que con el escepticismo como de la mano de la pasión." Se inscriben aquí poemas como "El río" y el "Soneto a la rosa."

Gastón Baquero fue siempre un poeta pudoroso. Presumía de su invisibilidad. No en balde tituló su último libro *Poemas invisibles*, pues si bien sentía un enorme respeto por la escritura, insistía en el refugio de la soledad acompañada y restaba importancia, con fino humor de criollo, a los fastos de la celebridad. Desde su casa madrileña, parecía contemplar el mundo de las vanidades, el relumbrón circunstancial de los otros, con la dignidad que otorgan la distancia y el decoro del desterrado isleño convertido él mismo en "una isla invisible."

Octavio Paz afirmó que entre la soledad de la creación y el ruido del mundo exterior el escritor debe fundar un espacio nuevo: el diálogo. A medida que crece, el discurso poético de Baquero se va poblando de voces disímiles, discontinuas, fragmentarias. Su palabra parece suspendida entre la nostalgia de la totalidad irrecuperable y la vertiginosa frontera de lo puramente inmediato y disperso. Desde su escritura nos descubre que somos muchas cosas a la vez, pero que no necesariamente estas presencias se manifiestan en continuidad y menos aún adquieren relieve en una unidad homogénea, sino que más bien se diluyen y fragmentan en una incierta pluralidad. Todo ello conduce a Baquero a depositar en sus lectores la agridulce almendra de un cierto escepticismo. Una distancia previsora, un guiño cómplice; una maliciosa señal de alerta para evitar el entusiasmo indócil o la torpe solemnidad de la certidumbre. No desdeña, sin embargo, el sufrimiento compartido ni el sordo rumor de la miseria, ni el desamparo, ni la muerte—"la que transforma todo nombre en un pretérito."

Los veinticuatro poemas en esta antología constituyen una muestra suficiente para abrir el apetito de sus lectores, al tiempo que una invitación a regresar al resto de la obra baqueriana. Una obra, por cierto, reducida y esencial, huida de todo desbordamiento inútil. La traducción de los poetas Greg Simon y Steven F. White posee, sin traicionar el original, la rara virtud de producirnos "esas leves sacudidas de asombro que esperamos," al decir de Borges sobre el resultado de la labor del buen traductor.

Ajeno a toda ortodoxia, sospechoso de todo discurso unívoco y excluyente, Gastón Baquero se ha convertido en el más influyente poeta de las nuevas generaciones cubanas. Los jóvenes han sabido descubrir en el discreto escepticismo baqueriano una muralla contra la intolerancia. Latía en él una entrañable pasión por su tierra, una pasión serena y distante de toda exacerbación de fácil emotividad. Sustancialmente cubano, y por tanto africano y español, abrió su puerta a todo joven cubano de dentro y de fuera de la Isla. El forzado transtierro no lo ocultó. El silencio hostil de los comisarios que quisieron borrar su nombre hizo crecer un vacío que los jóvenes poetas llenaron peregrinando a su casa madrileña para palpar al innominado.

Así pudo escribir: "El orgullo común de la cultura nuestra de antaño, escrita en o lejos de Cuba, se alimenta cada día, al menos en mí, por la poesía que hacen hoy—¡y seguirán haciendo mañana y siempre!—los que viven en Cuba como los que viven fuera de ella. Hay en ambas riberas jóvenes maravillosos. ¡Benditos sean! Nada puede secar el árbol de la poesía."

PÍO E. SERRANO, *Madrid*

GASTÓN BAQUERO, who was born in Cuba in 1918 and died in Spain in 1997, made his mark on Cuban poetry at a time that was characterized by his mentor, José Lezama Lima (1910–1976), as a state of poetic concurrence. At the end of the 1930s, a small group of young poets was ready to assault a literary scene codified by conformism and complacency as well as by a mediocre, elevated form of diction. With the magisterial figure of Lezama Lima as a rallying point, a generation or group of poets called Orígenes began its activities. Its members identified themselves with a literary journal of the same name, which appeared from 1944 to 1956. It was a publication that was emblematic of this new poetic sensibility. Over this period of time, the writers associated with Orígenes would distinguish themselves with highly original poetic works derived from diverse sources including Spanish Golden Age poetry, imagism, and French surrealism (though to a lesser degree), as well as those opulent islands of poetry: Whitman, Valéry, Rilke, and Eliot.

The unusually innovative and well-defined character of the group certainly can be attributed in part to the influence of two nourishing and enigmatic early works by Lezama Lima: *Muerte de Narciso* (*Death of Narcissus*) (1937) and *Enemigo rumor* (*Enemy Rumor*) (1941). This is also and especially true of Baquero's "Testament of the Fish" (1941), which incorporates a reflexive dialogue as it engages the substance of the universe with the penetrating and surprising plenitude of song.

Lezama Lima represents the extreme nature of the poetic act by means of absolute immersion in the intimacy of language, a dazzling monologue. The author of *Paradiso* responds to a poetic impulse dominated by the insatiable Eros of the word that rejects logic, harmony, and unity as insufficient and imperfect in favor of a system that seeks an unconditionally poetic state in an oblique living relationship with a hyperstasis of language. Ultimately, it is about the elaboration, as Vico said, of a credible impossibility.

Unlike Lezama Lima, Baquero, in his work, opens himself to the appropriation and reordering of a memory that allows him to reflect not *on* but *from within* the simultaneity of time. He never seeks to overburden or hide, but rather to cast a spell and reveal. Baquero presents himself to the reader as the spectator who witnesses a legacy that integrates and reorders, amplifies and subverts, but that, above all, represents a resistance to death as well as its corollary, oblivion.

Gastón Baquero belongs to that rare minority of poets, who, like Rimbaud or Eliot, reveal their mastery even in their earliest works. Cintio Vitier wrote the following about the handful of poems through which Baquero came to be known: "His poems arrived and established themselves in light as if they had always been there, familiar in their secret and grave magnitude." And María Zambrano, based on her first readings of this work, noted its "sumptuous sensuality" and remarked that those initial poems were a confirmation as to how the "richness of life, the delirium of substance, can stand before the void." The dream of metamorphosed forms from which the poet contemplated the city, his city, in his "Testament" was a witness of everyday life and its magical qualities. The poet transforms it into a new substance, happily touched by the angel of revelation as in the splendid poems "Genesis," "Adam in Paradise," "Dawn," "Rain," "The Sun Is the Statue of the Moon," "Memory," and the deeply moving sonnet dedicated to García Lorca, "F.G.L."

After 1942, for almost two decades Gastón Baquero seemed to silence his poetry. Dedicated entirely to journalism, the poet made himself invisible. From the time of his arrival in Spain in 1959, however, as an exile from Cuba, Baquero recovered the poetic word and, in 1966, published his *Memorial de un testigo* (*Memorial of a Witness*), which was greeted with enthusiasm by a number of the younger Spanish poets. Far from cultivating disenchantment and resentment, his new poems were inscribed in the enchantment of language and elaborated a surprising mirror that gave Baquero a marvelously expressive and playful lucidity. Although Baquero wrote this book from the perspective of his own emotional maturity, it would be difficult to maintain that it represents the culmination of his poetry. Given the powerful shadow cast by his first work, Baquero's later poetry can permit itself the luxury of considering progress just another distraction. If we judge this book as not superior to his earlier writings, it is due not to current depreciation but rather to the overwhelming poetic grandeur of the previous work.

Installed in this new stage of his writing, Baquero preferred a poetic discourse that was closer to orality. He joined a tenuous irony and the colloquial tradition of imagism, blending it with an occasional rhetorical effusiveness. His later poetry seeks an intimate and conversational tone, remaining on guard against hyperbole and excess. In an essay on Luis Cernuda, Baquero announces his goal as a poet: "To achieve a direct, naked voice made from the economy of the indispensable, and sufficient to express feelings and ideas." Good examples of this *ars poetica* are his poems "Homage to Jean Cocteau," "Luminous Nocturne," and "Silent Companion."

In 1984, Baquero published his complete poems in Madrid. In 1991, he brought out his last single collection, *Poemas invisibles* (*Invisible Poems*), about which the Spanish poet Luis Antonio Villena wrote: "It is a grouping of texts in which the most refined culture is allied with dream and fantasy, invention is mixed with music, the versicle takes control and reigns supreme, and metaphysics embraces irony as well as skepticism as if it were taking passion by the hand." Poems such as "The River" and "Sonnet to the Rose" exemplify this poetics.

Gastón Baquero was always a modest poet. He presumed his invisibility. It was not for nothing that he entitled his last book *Poemas invisibles*: despite his enormous respect for writing, he insisted on the refuge of accompanied solitude and undercut the importance of the trappings of celebrity with a fine sense of criollo humor. From his house in Madrid, he seemed to contemplate the world of vanities and the circumstantial, ephemeral flashes of fame in others. He did so with the dignity granted by the distance and decorum of the exiled island dweller who converted himself into "an invisible island."

Octavio Paz affirmed that between the solitude of creation and the noise of the exterior world, the writer should establish a new space: dialogue. As it grows, Baquero's poetic discourse becomes increasingly populated with dissimilar, discontinuous, fragmentary voices. His poetry seems suspended between the nostalgia of an irrecoverable totality and the dizzying border of what is purely immediate and dispersed. From his writings, we discover that we are many things at once but that these presences are not necessarily manifested in continuity, nor do they acquire prominence in a homogeneous unity. Instead, they dissolve and fragment into an uncertain plurality. All this leads Baquero to deposit the bittersweet almond of a certain skepticism in his readers—a foreseeing distance, an accomplice's wink, a malicious sign to be alert and avoid unruly enthusiasm or the clumsy solemnity of certainty. Nevertheless, he does not disdain shared suffering or the deafening murmur of misery or homelessness or death—"that which transforms every name into a preterit."

The twenty-four poems gathered in this anthology will be sufficient to whet the reader's appetite. They will also serve as an invitation to turn to the whole of Baquero's poetic output, as it has come down to us: diminished, essential, and utterly free of cant. Without betraying the original impulses of these poems, poets Greg Simon and Steven F. White have tried to reproduce for Baquero's new readers in English "those tremors of astonishment we hope for," as Borges once wrote about the good translator's labor.

Distant from all orthodoxy, suspicious of all univocal and exclusionary discourse, Gastón Baquero has become the most influential poet of new generations of poets in Cuba. Younger writers have discovered a wall against intolerance in Baquero's discreet skepticism. Within him there was always the impassioned heartbeat of his land, a yearning that was serene and removed from a facile sentimentality. Cuban to his core, which means African and Spanish, Baquero opened his door to any young Cuban who lived on the island or elsewhere. The forced exile did not succeed in hiding him. The hostile silence of the commissars who wanted to erase his name merely produced a growing emptiness that the young poets sought to fill by making a pilgrimage to Baquero's home in Madrid so they could touch the man with no name.

Baquero understood the past, present, and future of Cuban letters. It is for this reason, meditating no doubt on the dialectics of inside and outside in relation to nineteenth-century Cuban writers such as José María Heredia and José Martí, that Baquero wrote: "The common pride in our culture of years gone by, written in or far from Cuba, is nourished every day, at least in me, by the poetry written by those who live in Cuba or outside Cuba today, writing that will continue tomorrow and always. On both shores, there are marvelous young people. Blessed be their names! Nothing can dry out the tree of poetry."

PÍO E. SERRANO, *Madrid*

EL ÁNGEL DE LA LLUVIA

THE ANGEL OF RAIN

PRIMERA PARTE

GÉNESIS

Sus rodillas de piedra, sus mejillas
frescas aún de la reciente alga;
sus manos enterradas en la arcilla
que el cuerpo oscuro hacia la luz cabalga;

y su testa nonata todavía, blanda silla
de recóndita luz, de espera larga,
fue ascendiendo detrás de la semilla
ida del verbo a la región amarga.

Ciego era Adán cuando la augusta mano
le impartió su humedad al rostro frío.
Por el verbo del agua se hizo humano,

por el agua, que es llanto en desvarío,
se fue mudando hacia el jardín cercano
e incendió con su luz el astro frío.

GENESIS

His dark body rides toward light
with stone knees and some newborn algae
still clinging to his fresh cheeks,
his hands buried in the clay.

And his unborn head-to-be, soft seat
of secret light, of waiting too long,
rose, then, and followed the seed
through bitter realms, set free by the word.

Adam was still blind when the regal hand
imparted its wet touch to his cold face.
Through the water-word, he became human.

Through water, anguished cry and delirium,
he moved toward the garden nearby,
and with his light, he set a cold star ablaze.

ADÁN EN EL PARAÍSO

Recorre Adán su inaugural paseo
con el cabello dado al primer viento;
ya el vacío destruye, y da su aliento
cuerpo a la estrella y al metal deseo.

Ya el universo todo es un sabeo
jardín que canta, perfumado asiento;
se hace suelo la tierra, aire el viento,
y extendida la luz abre el deseo.

Donde fuera escarlata ardiente lava,
ha crecido un color de musgo verde.
Tibia región donde la llama estaba,

fruto en la piedra, memoria que recuerde
la eternidad que ni empezó ni acaba,
y un Dios que se ensimisma y que se pierde.

ADAM IN PARADISE

Adam takes his very first stroll alone
with the origin of wind in his hair,
destroying empty space, giving human
breath to stars and desire to all metals.

Now the universe is a Sabean garden
that sings, a perfumed place that turns
the ground into earth, the air into wind,
expanding the light to unveil desire.

Where burning lava once burst into flame,
the color of green moss is spreading.
Where fires raged, there is a temperate land;

fruit, not stone; a memory that recalls
an eternity with no start or end,
and a God lost in thought, then simply lost.

ALBORADA

Despiertas atónito de despertar.
Pasó de largo un día más la muerte,
¿sigue viva la vida?
Mira: todo está bien: el universo en orden, ya salió el sol,
caliente por la piel y helado por el alma,
pero es el sol, el enemigo de la oscuridad
y del pensar lo triste;
el sol está de parte de la vida, como dada
a la muerte apareció la luna.

Echa a andar otra vez su cansado teatro la mañana:
el gallo jactancioso, el panadero, la madre
infatigable colándonos café. En fin,
los trastos del maquillaje cotidiano
para entrar en la escena del buenos días,
qué tal está usted, cómo le van las cosas.
Nada. No tiembles. Todo va bien. Tenemos
un día más de vacaciones fuera
del cementerio. ¡Viva, viva la vida!
A ver: vamos a ver: los zapatos, el pantalón,
la camisa, el reloj con el tiempo aprisionado.
Nada. La mañana pregona que no existe la nada.
Sal con el pie derecho a saborear el día.
¡Vive y nada más! Este día es tan bello,
que nos olvidamos de que tenemos huesos.

DAWN

You wake up, amazed to be awake.
One more day death has passed you by.
And life, it's still alive?
Look: everything's okay. Universe in order, the sun's out—
warmth for skin and ice for the soul—
you know, the sun *is* the enemy of darkness
and of our ways to be sad.
The sun takes sides with life, but when the moon
rises, we're given over to its death.

Tomorrow sends out its weary theater:
a boastful rooster, a baker, a tireless
mother who's making coffee for us. You know,
the stuff we need to steady us for putting on makeup in the a.m.,
carrying us through to *Good Morning!*
How are you? Is everything okay?
No problem. Stop trembling. Everything's okay.
        We still have
one day left of vacation
from the cemetery. Long live life!
So, let's see: shoes, pants,
shirt, a watch with time ricocheting inside.
No problem. Tomorrow goes by, hawking its wares,
        saying: *No more anything.*
Put your right foot forward. Savor the day.
Just go out and live! Today is beautiful.
Forget about bones.

POEMAS DE LA LLUVIA

Los niños invisibles de la lluvia,
el sonido y el vuelo de sus hadas,
los tallos de sus flores, los jardines
lejanos de sus aves, el juego de escucharse,
la nieve de su traje y el verde de los iris,
comienzan a mudarse en agua pura
por contemplar el rostro de la lluvia.

II

Yo veo dentro de la lluvia
a una mujer hilando,
a un señor distinguido cuya barba
se entrelaza en los árboles,
a una guitarra blanca que tremola
esa voz peculiar de los que amo.

III

¿Qué lluvia es ésta cuya voz recuerda
tanto silencio ido con la muerte?

¿Qué lluvia es esta cuna al pensamiento
y al más oculto sueño realidades?

RAIN

Rain's invisible children,
the whir of its magic beings flying past,
the stems of its flowers, the distant
gardens of its birds, the game of hearing itself,
the snow of its attire, the green of an iris—
all of this turned into pure water
after contemplating the rain's face.

II

Inside the rain I see
a woman spinning,
a distinguished man whose beard
is braided among the tree limbs,
a white guitar, resonating with
the peculiar voice of those I love.

III

What kind of rain is like a voice recalling
the great silence that accompanies death?

What kind of rain is the cradle of thought,
of the secret dream that sustains us?

¿Qué lluvia es esta lluvia que recuerdo
aún debajo del sol y dentro de la lluvia?

IV

El pensamiento ha ido a reclinarse
como un ave cansada
en el lecho incesante de la lluvia.

Solo con la lluvia y el vacío,
en la soledad incesante de la lluvia,
hablando de ti cristalinamente en el vacío.

V

Cuando desciende,
es como si todas las mujeres sollozasen.

Cae sobre las flores
tan cuidadosamente
como si trajese en las vivas palmas de sus manos
un mensaje del cielo.

El señor de las flores habla en ella
un lenguaje más triste cada día.

Nunca se la ha visto
destruir la rosa.

What kind of rain is this rain I remember
falling from the sun yet still rain within rain?

IV

The thought that lies down
like a weary bird
in its boundless nest in the rain.

Alone with rain and emptied space,
in the continuous solitude of the rain,
and in that space, your quartz-clear speech.

V

When rain falls,
it's as if women were sobbing.

It falls over the flowers
most carefully
as if it cupped a message from the sky
in the living palms of its hands.

A flower man out in the rain—
every day his language is sadder.

No one has ever seen a rose
destroyed by the rain.

Cuando asciende,
es como si las abejas desnudasen,
de un solo vuelo,
todo el firmamento.

VI

Una mujer canta mientras cae la lluvia.
Canta mientras la lluvia derrama su más puro silencio.
Se escucha el milagro de que su canto sea
más silencioso que el canto de la lluvia.

VII

La imagino en el cielo.
Ahí anda apresurada en busca de sus guantes:
partirá hacia la tierra en breve espacio:
el carmín de sus labios, el eterno arrebol de sus mejillas,
la gracia incomparable de sus rizos,
y la sombrilla gris que nunca olvida.

VIII

Danzan las gotas de lluvia
sobre la fina playa de sus hombros.
Flechas breves de nieve se acomodan

When rain rises,
it's as if all the bees
in their swarming
could strip the heavens naked.

VI

A woman sings while the rain falls.
Sings while the rain spills its purest silence.
I'm listening to a miracle: her song is
more silent than the music of rain.

VII

I imagine rain in the sky,
getting ready to go out, looking hastily for its gloves.
Soon it will head down to earth,
with crimson lips, eternal sunset on its cheeks,
incomparably graceful curls,
and the gray parasol it never forgets.

VIII

Drops of water spatter on
a perfect shoreline of shoulders.
Short arrows of snow mark a sea-lane
for a dolphin with what seems to be scorned

al paso de delfín con que desdeña
ese ardiente besar. Ahora se escucha
el dolor siempre oculto de la lluvia,
se escucha su nostalgia de habitarle,
su fracasado ensueño de ceñirle
con amorosos lazos la mirada:
mi corazón sonríe hacia los cielos
y es uno con la lluvia ante su alma.

IX

El agua es solamente
la sombra de la lluvia.

Los ruiseñores,
acuden a la lluvia
con su canto.

Sólo el cuerpo del ave
queda preso en el agua.

X

La ventana se asoma hacia la lluvia
con tanta inteligencia como un ave.

by these burning kisses. Now I hear
the sadness always hidden by rain
and the nostalgia it inhabits,
its failed dream of binding a gaze
with the bonds of love.
My heart smiles wryly at the sky
and is one with the rain and its soul.

IX

Water is only
the rain's shadow.

That's why nightingales
go to the rain
with their songs.

Water is the only prison
for the body of a bird.

X

The window peers at the rain
with the keen eyes of a bird!

Ella mira infantil, mira asombrada
cómo la lluvia llega a los cristales.

Amor comienza a construir su techo:
para siempre la lluvia es una niña
cuyo pecho destruye la belleza.

XI

Volver como tú vuelves
desde aquella región donde la sombra
es el único árbol.

Volver como tú vuelves
sabiendo simplemente qué es el cielo,

—sólo bosque de nubes, foresta interminable de la estrella—
o pradera en que aún vibran los recuerdos.

Saber como tú sabes
qué rostro se ilumina cuando sueña
el ángel de la lluvia.

It stares like a girl, amazed
by the rain that strikes the glass.

Love begins to build its roof:
rain is always a girl
whose heart destroys beauty.

XI

Turn as if you were returning
from the place where a shadow
is the only tree.

Turn as if you were returning
with a simple definition of sky—

just a cloud-grove, unending star-forest,
vibrating meadow of memory.

Pretend as if you know whose face
is illumined when
the angel of rain is dreaming.

EL RÍO

A José Olivio Jiménez

Viví sesenta años a la orilla de un río
que sólo era visible para los nacidos allí.
Las gentes que pasaban hacia la feria del oeste,
nos miraban con asombro, porque no comprendían
de dónde sacábamos la humedad de las ropas
y aquellos peces de color de naranja,
que de continuo extraíamos del agua invisible para ellos.

Un día alguien se hundió en el río, y no reapareció.
Los transeúntes, interrumpiendo su viaje hacia la feria,
preguntaban por dónde se había ido, cuándo volvería,
qué misterio era aquel de los peces de color de fuego amarillo.
Los nacidos allí guardábamos silencio. Sonreíamos tenuamente,
pero ni una palabra se nos escapaba, ni un signo dábamos en prenda.
Porque el silencio es el lenguaje de nuestra tribu,
y no queríamos perder el río invisible, a cuya orilla,
éramos dueños del mundo y maestros del misterio.

THE RIVER

for José Olivio Jiménez

I've spent sixty years on the banks of a river.
Only those who are living there can see it.
People heading toward the western market
looked at us with fear. They don't understand
why the dampness would cling to our clothing
or how we'd reel in those fish for them,
  the color of blood oranges,
from the invisible water.

One day a man fell in and did not reappear.
Passersby, interrupting errands to the market,
exclaimed, "Where did he go?"
  "When is he coming back?"
and "How marvelous, those fiery yellow fish!"
Those of us born to the river kept quiet.
Smiled enigmatically. Said nothing. Gave no sign.
The language of our tribe is silence.
We wanted to protect our invisible river.
  On its banks
the world belonged to us—
        as did its mystery.

POEMA

La hora que sorprenda a tu alma dormida
y limpie sus tinieblas con ademán piadoso;

la hora que golpee sobre tu aislado techo
y levante el asombro que hiera a tu caída,

¿pasa con aire extraño o duerme todavía
debajo de la espesa libertad que tu alma

escoge contra el cielo y nutre de pecado?
Tú duermes y contigo duerme sin esperanza

la claridad posible que golpeará algún día:
levanta tu mirada a través de los cielos

y encuentra tras la estrella el lecho inesperado.
También tú eres el huésped y serás la alegría.

POEM

The hour that might surprise your sleeping soul
and purify its darkness with piety . . .

The hour that might beat against your isolated roof
or conjure the awe that wounds you when you fall . . .

Does it pass with a strange air, or is it still sleeping
beneath the heavy mass of liberty that your soul

chooses against the sky and nourishes with sin?
You sleep, and, having lost all hope, what sleeps with you

is the possible clarity that will strike someday:
lift your eyes and gaze into the night

until, beyond the stars, you find an unexpected bed.
You'll be a guest here and become happiness itself.

ARPA

El arpa reclinada en el silencio
de su perdido canto rememora
un rostro ido hacia el total silencio
que al cielo enlaza y en el cielo mora.

Sola y augusta entre la breve sombra
pasando sus recuerdos gime y llora
las ausencias del rostro que en la sombra
al arpa daba voluntad sonora.

Mientras el viento innumerable nombra
con agitada voz el canto fenecido,
una invisible luz yerra en la sombra.

Y renovándole al sol el bien perdido
junto al arpa a cantar vienen alondras
que eternamente escapan al olvido.

THE HARP

The harp is reclining in its silence
bereft of its lost song, recalling why
a face is immersed in total silence,
joined to the sky and living in the sky.

The harp passes through the scattered shadows.
Venerable, alone, it moans and cries
about that absent face in the shadows
that made the harp's melodious song rise.

The wind sings too many names when it blows
the dying music with its voice undone
by secret light drifting in the shadows.

Because the good that's gone renews the sun,
there are some larks by the harp that have come,
as always, to escape oblivion.

SONETO A LA ROSA

Raises from the rose-ash
the ghost of the rose.
　—Francis Thompson

Rose lives, when the rose is dead . . .
　—Shelley

Gravemente la frente da a la rosa
un universo mudo en que fulgura
la rosa oculta en la yaciente rosa
y la forma silente que inaugura.

Apenas con morir, voz silenciosa
eternizada en suave apoyatura,
alza la rosa músicas de rosa
para el cielo infinito que la apura.

¿Cómo, dolor, la rosa vuelve a rosa
bajo el amargo esquema de la impura
rosa yaciente en apagada rosa?

¿Cómo habita la zona más oscura
para llegar al cielo y silenciosa
volcarse en música y volverse pura?

¡Oh dulce espejo de la rosa!
Hacia la nada vas, y en la procura
del árbol de la nada—fija rosa—
la forma de tu ser se transfigura.

SONNET TO THE ROSE

Raises from the rose-ash
the ghost of the rose.
   —Francis Thompson

Rose lives, when the rose is dead . . .
   —Shelley

Seriously, the face of the rose
is a mute universe as it flashes
the fading rose into the laid-out rose
and the silent form it originates.

Close to death, everlastingly silent voice,
in smooth appoggiatura it lifts
the rose's music of fallen roses
toward the infinite, purifying sky.

How sadly the rose returns to roseness
beneath the bitter symbol of the impure
rose beneath the rose that's lost its light.

What allows it to inhabit the most obscure zone
in order to reach the sky and silently
tilt toward music and pure revolving?

Oh, sweet mirror of the rose!
You go to nothing, and by searching for
the tree-of-nothing—stationary rose—
you transfigure the form of your being.

HOMENAJE A JEAN COCTEAU

Il vous faudrait mourir pour joindre les deux bouts.
—J. C., en la muerte de Eluard

El alambrista recorre de lado a lado lo más alto del circo,
y aplaude la multitud.
La multitud no sabe que él va palpando espejos, pidiendo claves
para cruzar el otro alambre más tenso y peligroso:
el que dos ángeles vestidos de arlequines sostienen de lado a lado,
sobre el vientre de la noche.

¡Quién pudiera ser siempre niño inocente,
inocente, es decir, dueño de mil secretos!
Y menos mal que nos ha dado el ardid del disfraz y la bola de nieve,
el poder soñar con que un caballo es un candelabro,
un portallamas para empuñarlo y recorrer las planicies de la muerte.

Al otro extremo de la cuerda tiene que estar Dios,
al otro extremo no es posible que abra sus poderosas mandíbulas la nada.
Bien está pues la volatinería, el salto del payaso, la pirueta del cisne;
bien está el olé a la sonrisa de la golondrina disecada, y al torerito
muerto por sorpresa.
Bien está dar cuerda todas las noches a un ruiseñor de acero,
para sacarle de entre las tripas
la música depositada allí por el último Orfeo.

La linea del ferrocarril que parecía interminable,
se cortaba de pronto a cuchillo sobre la barranca imposible de saltar.
El férrico vagón se quedaba vacío en un segundo:
¡eh, vosotros, camaradas, amigos, centinelas, no os vayáis!,

HOMAGE TO JEAN COCTEAU

Il vous faudrait mourir pour joindre les deux bouts.
—Jean Cocteau, on the death of Eluard

The rope dancer, crossing at the apex of the circus,
astonishes his audience.
People can't believe how he feels his way past mirrors,
       pleading for keys
in order to get across that other, tenser, more perilous wire.
On each side, angels dressed as harlequins support him,
above the womb that is the night.

Who could always be the innocent child,
innocent, I mean, as the owner of a thousand secrets!
And, fortunately, he has given us the skilled disguise
       or the snowball,
the ability to dream that a horse is a candelabrum,
a flamethrower to hold onto as we cross the plains of
       death.

God has to be at the other end of that wire;
it's not possible that only the void awaits us there,
       opening its powerful jaws.
It's good to walk on the tightrope, leap like the clowns,
or pirouette like a swan;
it's good to shout *Olé* to the smile of a stuffed swallow,
and the little bullfighter
killed by surprise.
It's good to get a steel nightingale started on its trajectory
       every night

¡llevadme a vuestro juego, otro acto de magia, por favor!,
¡pronto, corred, sacad el conejo del sombrero, reanimad a Nijinsky!,
¡haced algo, permitidme otra vuelta en el carrousel, convertirme en busto,
pintar otra estrellita en la puerta del dormitorio de Eurídice!

Hay que morir, amigo, para unir los extremos
de este cotidiano alambre
tendido sobre el abismo de estar vivo.

Hay que morir, no hay fallo, para enterarse un poco
de si es cierto que existe la Poesía, de si hay
al otro lado del castillo un guardián, una orquesta
y un teatro.

Y sobre todo hay que morir, amigo,
para quedarnos finalmente convencidos
de que *la luna es el sol de las estatuas*.

in order to extract from its guts
the music deposited there by the last Orpheus.

The railroad line that seemed interminable
made a quick cut like a knife over a ditch impossible
        to jump.
The rail car emptied in a second:
Hey, you! Comrades, friends, watchmen, don't go!
Take me to your game, to the other magic acts, please!
Quick! Run! Pull a rabbit from your hat!
Bring Nijinsky back to life!
Do something! Let me have another ride on the carousel,
or turn into a statue,
or paint another little star on the door to Eurydice's
        bedroom!

We must die, my friend, in order to unite the extremes
of this daily wire
stretching over the chasm of being alive.

No mistake about it: we must die so we can begin
        to understand
if it's true that poetry must exist, that there are
guardians on the other side of the castle, an orchestra
and a theater.

And, above all, my friend, we must die
in order to be persuaded—no, totally convinced—
the sun of the statues is the moon.

"LA LUNA ES EL SOL DE LAS ESTATUAS"

La lune est le soleil des statues
—Jean Cocteau

Cerremos este libro donde la astronomía
pasea cabizbaja entre cromos desvaídos.
Ya éste no es el contorno trémulo de Casiopea.
Este polvillo es más urbano que estelar.
Cerremos el libro envejecido. Doblemos diez veces esta hoja.
Váyase al bolsillo más oscuro la Osa Mayor, la Luna, el Centauro.

Gran milagro de nuevo, el cielo está completo.
Para hoy los astrónomos permiten a la luna
errabundear un poco, algunas horas justas,
curioseando los pinos, las calles, los senderos.

Saca tu exclamación de los días festivos.
¡Aquí está la luna! Nada menos, ¡la luna!
Atrasa tu reloj, pide un caballo negro,
pide un ramo de violetas, un encintado frasco de perfume.
Vertiremos el agua de una copa doméstica sobre el cabello vivo de
    una estatua.
¿Tú ves? El Sol. Diamantes. La medianoche vuela
en su carro flamígero deshelando la luna.

"THE SUN OF THE STATUES IS THE MOON"

La lune est le soleil des statues
—Jean Cocteau

Let's close this book where astronomy
passes downtrodden between faded color photos.
We need more than the trembling outline of Cassiopeia,
fine dust that is less urban than stellar.
Let's close the ancient book. Let's fold this page ten times.
Put the Great Bear in a hidden pocket with the Moon and the Centaur.

The sky is complete. Another great miracle!
Today the astronomers let the moon
wander a little, just for a few hours,
peering into pines, streets, and pathways.

Take your exclamation from those festival days.
Here's the moon! Nothing less than the moon!
Set your watch back! Ask for a black horse!
Ask for a bouquet of violets, ribbons on a bottle of perfume.
We'll pour a domestic cup of water over the statue's living hair.
You see? The sun. Diamonds. Midnight—its flaming
chariot, thawing out the moon.

LUNA

Luna querida, dosel
que nada cubres, esplende
bajo tu velo que pende
un diminuto clavel.

Blanca manzana, lebrel
que perseguido se enciende,
junto a la hoguera desprende
fauno trocado en bajel.

Rueda, llanto de metal,
ramo de orquídeas, mujer
que fueras hombre cabal;

rueda sirena sin ver
aquella fuente inmortal
pintada en luz al nacer.

MOON

Beloved moon, portal
leading nowhere, you shine
like the small carnation
you dangle beneath your veil.

Greyhound or white apple
in pursuit of lost fire,
next to you on the pyre
the faun becomes a vessel.

Circle, tears of bright tin,
branch of orchids, woman
who would make a perfect man ...

Blind and wheeling siren,
that immortal fountain
painted with light's origin.

NOCTURNO LUMINOSO

Music I heard with you was more than music,
And bread I broke with you was more than bread.
  —Conrad Aiken

Como un mapa pintado de violento amarillo sobre una pared gris,
o como una mariposa aparecida de súbito en medio de los niños en
   el aula,
inesperadamente así,
cuando es más noche la noche de los ciegos extraviados en el
   laberinto,
puede aparecer de pronto una figura humana que sea como un
      cirio dulcemente encendido,
como el sol personal, o como el recuerdo de que hay también
      estrellas y hermosura,
y algo bello cantando todavía entre las viejas venas de la tierra.

Como un mapa o como una mariposa que se queda adherida en
   un espejo,
la dulce piel invade e ilumina las praderas oscuras del corazón;
inesperadamente así, como la centella o el árbol florecido,
esa piel luminosa es de pronto el adorno más bello de una vida,
es la respuesta pedida largamente a la impenetrable noche:
una llama de oro, un resplandor que vence a todo abismo,
un misterioso acompañamiento que impide la tristeza.

Como un mapa o como una mariposa así de simple es amar.
¡Adiós a las sombras, a los días ahogados de hastío, al girovagar
   la Nada!

LUMINOUS NOCTURNE

Music I heard with you was more than music,
And bread I broke with you was more than bread.
    —Conrad Aiken

Like a violently yellow map painted on a gray wall,
or a butterfly appearing so unexpectedly among children
    in a classroom,
when the way is darker than the night of the blind as they roam
    in a labyrinth—
a surprising human figure might yet appear, like a sweetly
    burning taper,
like a private sun or a memory that, *yes*, stars *and* beauty exist,
a lovely thing still singing among ancient veins in the earth.

Like a map or a butterfly that remains stuck in a mirror,
the sweet skin invades and illuminates the dark meadows
    of the heart.
So unexpectedly, like lightning or a flowering tree,
this luminous skin is suddenly the most beautiful adornment
    of a life.
It's the response of impenetrable night to interminable demands:
a golden flame, a radiance that defeats each abyss,
a mysterious companion, impeding our sadness.

Like a map or a butterfly—to love is so easy.
Goodbye to shadows, to drowned days of disgust,
    to the Nothing that spirals and dissipates!

Amar es ver en otra persona el cirio encendido, el sol manuable
        y personal
que nos toma de la mano como a un ciego perdido entre lo oscuro,
y va iluminándonos por el largo y tormentoso túnel de los días,
cada vez más radiante,
hasta que no vemos nada de lo tenebroso antiguo,
y todo es una música asentada, y un deleite callado,
excepcionalmente feliz y doloroso a un tiempo,
tan niño enajenado que no se atreve a abrir los ojos, ni a
        pronunciar una palabra,
por miedo a que la luz desaparezca, y ruede a tierra el cirio,
y todo vuelva a ser noche en derredor
                            la noche interminable de los ciegos.

To love is to see the taper burn in someone else,
      a manageable and private sun
that takes us by the hand like a blind man lost in darkness
and illuminates the long and stormy tunnel
      of our days,
each time more radiant,
until the darkness that cloaks antiquity disappears,
and in its place, everything is music: quiet, delightful,
an exceptional mixture of joy and pain
that might entrance a child so that he doesn't dare open his eyes
      or say a word,
for fear the light will disappear, the taper tumble
      to the ground,
and everything around him turn into night,
the interminable midnight of the blind.

LA ESPERANZA ▦

Recuerdo siempre al moribundo aquel,
el que prorrogaba su vida contemplando una rama,
al extremo de la cual sólo quedaba una hoja,
nada más que una hoja resistiendo al cierzo
y a la tramontana: una hoja empeñada en no morir.

El moribundo asombraba todos los días a los doctores,
a los que no conocían el secreto de su resistencia,
a los que no veían la trama urdida en silencio
entre la hoja tenaz y el moribundo olvidado de morir.

Siempre, siempre recuerdo al moribundo aquel,
mirando desde su lecho, tras la ventana, la hoja solitaria,
desafiando las leyes de la duración humana,
viviendo cuando todos, médicos y sacerdotes,
tenían decidido que aquello había terminado, definitivamente.

Y su apresurada viuda, con largos velos y lágrimas,
y sus dulces herederos, formados ante el notario, compungidamente:
todos coincidían en pensar que era excesiva tanta persistencia:
coincidían los sabios doctores con los afligidos duedos,
y con los parsimoniosos sacerdotes.

Braceaban todos a una en el gran desconcierto
de una vida escapándose a la vieja costumbre de perecer.

▦ *Sonata para cello y piano no. 1*, de Brahms

▬▬

40

HOPE ▦

I'll always remember that man about to die,
and how he prolonged his life by contemplating a branch,
bearing only a solitary leaf,
nothing more than a leaf resisting the cold
north winds: a leaf determined not to die.

The man about to die astonished doctors every day.
They didn't understand the secret of his resistance,
didn't see the silent interplay
between the tenacious leaf and the man oblivious to dying.

I'll forever remember the man about to die,
watching that one leaf from his bed behind the window,
defying the laws of human duration,
going on when doctors, priests, and everyone
had decided that it was all over, finished and done.

And his soon-to-be widow, with long veils and tears . . .
And his sweet, repentant heirs, lined up beside the notary . . .
All of them thought his persistence was excessive,
even the learned doctors with their sad relations,
and the parsimonious priests.

All of them were waving their arms, disconcerted
by a life that could escape the ancient custom of perishing.

▦ *Sonata no. 1 for Cello and Piano,* by Johannes Brahms

Porque no sabían que una débil hoja indicaba el camino,
y el moribundo resistía, insistiendo en vivir,
humillando al sentido común de los sagaces, mortificando el prestigio
de quienes en asuntos de esos poseían una larga autoridad,
y una irrefutable experiencia.

Eso,
eso es la esperanza,
la esperanza es
un pavo real disecado que canta incesantemente en el hombro
    de Neptuno.

But they didn't understand how one feeble leaf was pointing the way,
or how the man about to die resisted, insisted on living,
humiliating the common sense of sages, mortifying the
     prestige
of anyone who might possess supreme authority in these
     matters,
or irrefutable experience.

That,
yes, *that* is the definition of hope.
Hope—
a stuffed peacock singing incessantly on Neptune's shoulder.

TESTAMENTO DEL PEZ ▧

Yo te amo, ciudad,
aunque sólo escucho de ti el lejano rumor,
aunque soy en tu olvido una isla invisible,
porque resuenas y tiemblas y me olvidas,
yo te amo, ciudad.

Yo te amo, ciudad,
cuando la lluvia nace súbita en tu cabeza
amenazando disolverte el rostro numeroso,
cuando hasta el silente cristal en que resido
las estrellas arrojan su esperanza,
cuando sé que padeces,
cuando tu risa espectral se deshace en mis oídos,
cuando mi piel te arde en la memoria,
cuando recuerdas, niegas, resucitas, pereces,
yo te amo, ciudad.

Yo te amo, ciudad,
cuando desciendes lívida y extática
en el sepulcro breve de la noche,
cuando alzas los párpados fugaces
ante el fervor castísimo,
cuando dejas que el sol se precipite
como un río de abejas silenciosas,
como un rostro inocente de manzana,
como un niño que dice acepto y pone su mejilla.

▧ *Concierto de violin*, de Alban Berg

TESTAMENT OF THE FISH ▦

You're the city I love,
even if I can only hear you murmuring from far away,
even though I'm an invisible island in your oblivion,
even when your tremors echo and you forget me,
I still love you.

Yes, I love you,
when the rain suddenly springs from your mind,
threatening to dissolve your many faces,
when the stars hurl their hope
right at the silent crystal where I live,
when I know you're suffering,
when I hear only your ghostly laughter,
when my skin burns in your memory,
when you remember, deny it all, come back to life, or die,
I still love you.

Yes, I love you,
when you lower yourself in rage or ecstasy
into the brief tomb of the night,
when you lift runaway eyelids
and force back the chaste burning of desire,
when you let the sun cascade
like a river of silent bees,
like an apple's innocent face,
like a boy who welcomes a kiss on the cheek.

▦ *Violin Concerto*, by Alban Berg

Yo te amo, ciudad,
porque te veo lejos de la muerte,
porque la muerte pasa y tú la miras
con tus ojos de pez, con tu radiante
rostro de un pez que se presiente libre;
porque la muerte llega y tú la sientes
cómo mueve sus manos invisibles,
cómo arrebata y pide, cómo muerde
y tú la miras, la oyes sin moverte, la desdeñas,
vistes la muerte de ropajes pétreos,
la vistes de ciudad, la desfiguras
dándole el rostro múltiple que tienes,
vistiéndola de iglesia, de plaza o cementerio,
haciéndola quedarse inmóvil bajo el río,
haciéndola sentirse un puente milenario,
volviéndola de piedra, volviéndola de noche,
volviéndola ciudad enamorada, y la desdeñas,
la vences, la reclinas,
como si fuese un perro disecado,
o el bastón de un difunto,
o las palabras muertas por un difunto.

Yo te amo, ciudad,
porque la muerte nunca te abandona,
porque te sigue el perro de la muerte
y te dejas lamer desde los pies al rostro,
porque la muerte es quien te hace el sueño,
te inventa lo nocturno en sus entrañas,
hace callar los ruidos fingiendo que dormitas,
y tú la ves crecer en tus entrañas,

You're the city I love,
because you seem so far from death,
because death passes by and you stare
with the unblinking eyes of a fish, with your radiant
face like a fish always engaged in its freedom.
Because death arrives and you feel
the way it moves its invisible hands,
the way it grabs and whimpers for more, the way it snarls . . .
And you see it, hear it without moving, hold it in contempt.
You dress death in stone clothing,
dress it as city, disfigure it,
giving it the multiple face you call your own,
dressing it as church, plaza, or cemetery,
making it motionless beneath the river,
making it feel like some millenary bridge,
bringing death back as stone, as night,
as a city sick with love, and you hold it in contempt,
defeat it, lay it out
as if it were a taxidermied dog,
or some dead guy's cane,
or the words he killed.

You're the city I love,
because death never abandons you,
because the death-dog follows you
and licks you from head to foot,
because death is what shapes your dream
like one of its visceral, nocturnal inventions,
silences the moaning as you pretend to sleep,
and you feel that visceral growth inside you

pasearse en tus jardines con sus ojos color de amapola,
con su boca amorosa, su luz de estrella en los labios,
la escuchas cómo roe y cómo lame,
cómo de pronto te arrebata un hijo,
te arrebata una flor, te destruye un jardín,
y te golpea los ojos y la miras
sacando tu sonrisa indiferente,
dejándola que sueñe con su imperio,
soñándose tu nombre y tu destino.
Pero eres tú, ciudad, color del mundo,
tú eres quien haces que la muerte exista;
la muerte está en tus manos prisionera,
es tus casas de piedra, es tus calles, tu cielo.

Yo soy un pez, un eco de la muerte,
en mi cuerpo la muerte se aproxima
hacia los seres tiernos resonando,
y ahora la siento en mí incorporada,
ante tus ojos, ante tu olvido, ciudad, estoy muriendo,
me estoy volviendo un pez de forma indestructible,
me estoy quedando a solas con mi alma,
siento cómo la muerte me mira fijamente,
cómo ha iniciado un viaje extraño por mi alma,
cómo habita mi estancia más callada,
mientras descansas, ciudad, mientras olvidas.

Yo no quiero morir, ciudad, yo soy tu sombra,
yo soy quien vela el trazo de tu sueño,
quien conduce la luz hasta tus puertas,
quien vela tu dormir, quien te despierta;

as death strolls through your gardens with its poppy-colored eyes,
its lovesick mouth, its starlit lips.
You hear how it gnaws and licks,
how it suddenly snatches a son,
one of your flowers, destroys your garden,
strikes your eyes, and you stare
as it carries off your indifferent smile,
letting it dream of death's empire,
dreaming your name and your destiny.
But you're the city that's the color of the world,
you're the one who makes death exist;
death is a prisoner in your hands.
It is your stone houses, your streets, your sky.

I'm a fish, an echo of death.
In my body, death moves closer
toward tender, echoing lives,
and now I sense it in my embodiment,
before your very eyes, your oblivion. City! I'm dying,
turning into the indestructible form of a fish,
forever more alone with my soul.
I feel death staring at me.
What a strange journey it began through my soul!
What a strange way of inhabiting my most silent days on earth!
And meanwhile, dear city, you rest and forget.

I don't want to die, dear city, I'm your shadow,
the one who stays awake for the outline of your dream,
directs the light right to your doors,
watches over your sleep or awakens you.

yo soy un pez, he sido niño y nube,
por tus calles, ciudad, yo fui geranio,
bajo algún cielo fui la dulce lluvia,
luego la nieve pura, limpia lana, sonrisa de mujer,
sombrero, fruta, estrépito, silencio,
la aurora, lo nocturno, lo imposible,
el fruto que madura, el brillo de una espada,
yo soy un pez, ángel he sido,
cielo, paraíso, escala, estruendo,
el salterio, la flauta, la guitarra,
la carne, el esqueleto, la esperanza,
el tambor y la tumba.

Yo te amo, ciudad,
cuando persistes,
cuando la muerte tiene que sentarse
como un gigante ebrio a contemplarte,
porque alzas sin paz en cada instante
todo lo que destruye con sus ojos,
porque si un niño muere lo eternizas,
si un ruiseñor perece tú resuenas,
y siempre estás, ciudad, ensimismada,
creándote la eterna semejanza,
desdeñando la muerte,
cortándole el aliento con tu risa,
poniéndola de espalda contra un muro,
inventándote el mar, los cielos, los sonidos,
oponiendo a la muerte tu estructura
de impalpable tejido y de esperanza.

I'm a fish. I've been a child and a cloud.
I was a geranium somewhere along your streets.
Beneath some sky, I was sweet rain,
then pure snow, clean wool, a woman's smile,
hat, fruit, noise, silence,
dawn, nocturne, impossibility,
ripening fruit, a long and shining blade.
I'm a fish. I've been an angel,
sky, paradise, ladder, uproar,
hymnal, flute, guitar,
flesh, skeleton, hope,
drum, and a tomb.

You're the city I love,
when you're persistent,
when death has to sit down
like an enormous drunk to contemplate you,
because you constantly lift what its eyes
destroy with no respite,
because if a boy dies, you make him eternal,
if a nightingale perishes, I hear your echoing bells.
And you're always absorbed in thought, dear city,
creating your eternal resemblance,
disdaining death,
cutting off its breath with your laughter,
pushing its back against a wall,
inventing your sea, skies, and sounds,
opposing death with your composition—
impalpable fabric knotted with hope.

Quisiera ser mañana entre tus calles
una sombra cualquiera, un objeto, una estrella,
navegarte la dura superficie dejando el mar,
dejarlo con su espejo de formas moribundas,
donde nada recuerda tu existencia,
y perderme hacia ti, ciudad amada,
quedándome en tus manos recogido,
eterno pez, ojos eternos,
sintiéndote pasar por mi mirada
y perderme algún día dándome en nube y llanto,
contemplando, ciudad, desde tu cielo único y humilde
tu sombra gigantesca laborando,
en sueño y en vigilia,
en otoño, en invierno,
en medio de la verde primavera,
en la extensión radiante del verano,
en la patria sonora de los frutos,
en las luces del sol, en las sombras viajeras por los muros,
laborando febril contra la muerte,
venciéndola, ciudad, renaciendo, ciudad, en cada instante,
en tus peces de oro, tus hijos, tus estrellas.

I'd love to be tomorrow in your streets,
an inconsequential shadow, an object, a star,
to navigate your hard surface and leave the sea behind
with its mirror of moribund forms
where nothing remembers your existence.
I'm lost in you, dear city,
held fast in your folded hands,
eternal fish, eternal eyes,
feeling you pass before my gaze,
losing myself one day to cloud and anguished cry,
contemplating, dear city, from your single, humble sky,
how your gigantic shadow labors on,
asleep and awake,
in autumn, in winter,
in the middle of green spring,
in the radiant extension of summer,
in the musical homeland of fruit,
in sunlight, in shadows moving along walls,
feverishly working against death,
defeating it, dear city, forever born anew, dear city,
in your golden fish, your children, your stars.

SEGUNDA PARTE

PART TWO

RECUERDO

La noche se reclina sobre la tierra
como una mujer sobre el pecho de su esposo.

A lo lejos, unas pocas estrellas
dialogan libremente de sucesos divinos.

Un pájaro blanquísimo surge en la llanura.
Se escucha el mar; se sabe que es de noche
porque el cielo decora con sus luces
el cabello azuleante de las nubes.

Recuerdo de otro sitio este silencio:
yo he estado alguna vez donde la rosa es hecha.

MEMORY

Night, a woman in her husband's
arms, lying down with the earth.

In the distance, a cluster of stars
talks freely about things the gods do.

A white, white bird lands on the plain.
You can hear the sea, and when the sky
strings lights through the clouds' azure mane,
you remember that it is night.

I remember this silence from somewhere:
I've been to a place where the rose is real.

SILENTE COMPAÑERO

(Pie para una foto de Rilke niño)

Parece que estoy solo,
diríase que soy una isla, un sordomudo, un estéril.
Parece que estoy solo, viudo de amor, errante,
pero llevo de la mano a un niño misterioso,
que a veces crece de repente, y es un soldado aherrojado,
o es un hombre mayor meditabundo, un huésped del reino
    de los lúcidos,
y se encoge luego, se recoge hasta devolverse a la niñez,
con sus ojos denominables arcano, con su látigo inútil, con su estupor,
y este niño retráctil me acompaña, y se llama Rainiero en ocasiones,
y en otras el Presente, y el Caballero Huérfano, y el Soldado sin
    Dormir Posible,
y comulga con el comunicado mundo de ultratumba,
y conoce el lenguaje de los que abandonaron, condenados, el cuerpo,
y pelean a alma limpia por convencer a Dios de que se ha equivocado.

Parece que estoy solo en medio de esta fría trampa del universo,
donde el peso de las estrellas, el imponderable peso de Ariadna,
es tan indiferente como el peso de la sangre,
o como el ciego fluir de la médula entre los huesos;
parece que estoy solo, viendo cómo a Dios le da lo mismo
que la vida tome en préstamo la envoltura de un hombre o la
    concha de un crustáceo,
viendo lleno de cólera que Pergolesi vive menos que la estólida tortuga,

SILENT COMPANION

(Based on a photograph of Rilke as a child)

So I guess I'm alone,
I'm an island, one could say, deaf and sterile.
So I'm alone, love's widower, vagabond,
but leading a mysterious child by the hand.
And sometimes he grows up quickly, becoming a soldier in chains,
an old man lost in thought, a guest in the kingdom of the brilliant.
And then he begins to shrink until he turns into a child again,
with his eyes that could be named the Secret itself, his useless whip,
      his amazement.
And this retractable child who accompanies me is occasionally
      called Rainer,
and otherwise The One Who Is Present, The Orphan Knight,
      or The Soldier Who Never Rests.
He communes with the communicable world beyond the grave,
and knows the language of those who are condemned to abandon
      their bodies,
and who, stripped to their souls, struggle to convince God
      that a big mistake has been made.

So now I'm alone, in the middle of this cold cell block called the
      universe,
where the weight of the stars, the imponderable weight of Ariadne,
is as indifferent as the pressure of blood to a vessel
or the blind current of marrow inside bones.

y que este rayo de luz no quiere iluminar nada,
y el sol no sospecha siquiera que es nuestro segundo padre.

Parece que estoy solo, y este niño del látigo fláccido está junto a mí,
derramando como compañía su mirada sagaz, temerosa porque ha
    reconocido
el vacío futuro que le espera;
parece que estoy solo, y golpeándome el hombro está este niño,
este aislado de la multitud, lleno de piedad por ella,
que se inclina sobre el centro del misterio,
y golpea y maldice,
y hace estremecerse al barro y al arcángel,
porque es el Testimonio, el niño prodigio que trae la corona de espinas,
la verdad asfixiante del sordo y ciego cielo.

    Cuando yo mismo sueño que estoy solo,
tiendo la mano para no ver el vacío,
y esta mano real, este concreto universo de la mano,
con destino en sí misma, inexorablemente creada para ser osamenta
    y ser polvo,
me rompe la soledad, y se aferra a la mano del niño, y partimos
hacia el bosque donde el Unicornio canta,
donde la pobre doncella se peina infinitamente,
mientras espera, y espera, y espera, y espera,
acompañada por las rotas soledades de otros seres,
conscientes del misterio, decididos a insistir en sus preguntas,
reacios a morir sin haber encontrado la llave de esta trampa.

So now I'm alone, and I see that God could care less
if life takes a man's outer shape on loan, or a crustacean's shell,
or that my own rage can't change the fact that Pergolesi's life means
     less than the foolish turtle's,
or that this ray of light doesn't illuminate a thing,
and how the sun doesn't even suspect it's our second father.

So now I'm alone, and next to me this child with a coiled whip
pours out his knowing gaze like company, afraid because he
     can foresee
the empty future that awaits.
So now I'm alone, and this child pummeling my shoulder,
isolated from the crowd, yet full of pity for it,
leans over the center of the mystery,
striking me and cursing,
making both clay and archangel tremble
because it is the Testimony, the prodigious child who attracts
     the crown of thorns,
the asphyxiating truth of a heaven that is deaf and blind.

When I'm alone in my own dream,
I hold up my hand so I can't see the abyss,
and it's a real hand, a concrete universe of a hand,
a hand with its own destiny, inexorably created in order to be
     bones and dust,
made to break my solitude so it can hold onto that child's hand
     for dear life as we head
toward the forest where the Unicorn sings,
where the poor maid combs her hair incessantly
while she waits and waits and waits and waits,

Parece que estoy solo,
pero llevo en derredor un mundo de fantasmas,
de realidades enigmáticas como el pan y la silla,
y ya no siento asombro de llamarme Roberto o Antonio o
    Segismundo,
o de ser quizá un árbol a cuyo pie descansa un peregrino
en cuya mente vive como metáfora de su realidad la persona que soy;
pues sé que estoy aquí, realmente aquí, destruible pero ya irrevocable,
y si soy sueño, soy un sueño que ya no puede ser borrado;
y una lejana voz confirma todas las anticipaciones,
y alguien dice—¡no sé, no quiero oírlo!—
que de esta trampa ni Dios mismo puede librarnos,
que Dios también está cogido en la trampa, y no puede dejar de ser Dios,
porque la Creación cayó de sus manos al vacío,
tan perfecta y completa que el Señor, satisfecho,
se dedicó a crear otras creaciones,
y va de jardín celeste en jardín celeste, dando cuerda al reloj,
    atizando los fuegos,
y nadie sabe por dónde anda ahora Dios, a esta hora del día o de la noche,
ni en cuál estrella se encuentra renovando su curioso experimento,
ni por qué no deja que veamos la clave de esta trampa
la salida de este espejo sin marco,
donde de tarde en tarde parece que va a reflejarse la imagen de Dios,
y cuando nos acercamos trémulos, reconocemos el nítido rostro de
    la Nada.

Con este niño del látigo en la mano voy hacia al amanecer o hacia el morir.
Comprendo que todo ya está escrito, y borrado, y vuelto a escribir,
porque la sucia piel del hombre es un palimpsesto donde
    emborrona y falla sus poemas

accompanied by the broken solitude of other beings
who are conscious of the mystery, persistent with their questions,
refusing to die without having found the key to the prison door.

So I guess I'm alone
but carry around a world of apparitions,
enigmatic realities like *bread* and *chair*;
and now I'm not amazed when someone calls me Roberto or
      Antonio or Segismundo,
or even that perhaps I'm a tree where a pilgrim rests,
and in his mind the person that I am lives as a metaphor
      of his reality—
because I know I'm here, really here—I could have been
      destroyed, but instead I'm irrevocable,
and if I am a dream, it's a dream no one can erase,
and a distant voice confirms everything we anticipate,
and another says—*No, I don't want to hear it!*—
Not even God can spring us from this imprisonment
because He's caught up in it, too, and can't stop being God,
because the Creation fell from His hands into the abyss,
so perfect and complete that the Lord, satisfied,
dedicated Himself to creating everything else,
and goes from one celestial garden to another, winding
      the clocks, stirring the fires,
and no one knows where He walks now, in broad daylight
      or at night,
nor on which star He might be renewing His curious experiment,
nor why He won't let us see the keys to our prison,
the exit from this mirror without a frame
where now and then it seems He pauses to reflect His own image,

el Demonio en persona;
comprendo que todo ya está escrito, y rechazo esa lluvia sin cielo
  que es el llanto;
comprendo que nacieron ya las mariposas
que obligarán a palmotear de alegría a un niño que inexorablemente
  nacerá esta noche,
y siento que todo está escrito desde hace milenios y para milenios,
y yo dentro de ello:
escrita la desesperación de los desesperados y la conformidad de los
  conformes,
y echo a andar sin más, y me encojo de hombros, sin risas y sin
  llantos, sin lo inútil,
llevando de la mano a este niño, silente compañero,
o soñándole a Dios el sueño de llevar de la mano a un niño,
antes de que deje de ser ángel,
para que pueda con el arcano de sus ojos
iluminarnos el jardín de la muerte.

in which, when we approach it, trembling, we recognize
      the clear face of Nothingness.

I walk toward dawn or death with this child holding a whip.
I understand everything has already been written, erased, and
      written again,
because a man's earth-worn skin is a palimpsest on which the Demon
      himself
scribbles and revises his poems.

I understand everything's been written, and I reject this skyless
      rain of an anguished cry;
I understand the past birth of butterflies
that will make us clap with joy when, inexorably, a child
      is born tonight,
and I sense that everything was written thousands of years ago,
      and for the millennia,
and I exist within that:
I write the desperation of the desperate and the conformity
      of those who conform,
and then I start to walk, shrugging my shoulders, not laughing
      or crying,
nothing useless like that,
leading this child by the hand, my silent companion,
or dreaming God's dream of leading a child by the hand
before he stops being an angel
so that, with the deep secret of his eyes,
he can light our way in the garden of death.

EL JARDÍN DE LA MUERTE

El abnegado perrito del Duque de Enghien
quiso morir junto a su amo. Metido entre las balas
saltaba de un lado al otro como si jugase
con el destino, pero la muerte
parecía desdeñarle, porque a su vez la muerte
iba y venía, como jugueteando, entre
el trémulo cuerpo del duque y los saltos del perro.
El fiel animalito se empeñó en cubrir de rosas
el sepulcro de su amado dueño:
recorría las avenidas del cementerio, recogiendo
rosales en flor, plantas, raíces, para llevarlas
al lecho funeral del duque. Tapizó el entorno
con lucientes guirnaldas, y se echaba a dormir
entre las rosas, allí donde sentía los lejanos latidos
del corazón amado. El perrito del Duque de Enghien
fue tomando más y más figura de rosal, se volvió rosa
él mismo, y un día ya nadie pudo distinguir, entre
los ramajes, cuáles eran las puras rosas del jardín
a quién era la transfigurada imagen del perrito abnegado:
todo era ya rosas en aquel resplandeciente
jardín de la muerte.

THE GARDEN OF DEATH

The selfless little dog of the Duke of Enghien
wanted to die next to its master. In between bullets,
it jumped from one side to the other as if taunting
destiny. But death
looked at it with scorn, because death was playing
its own game now, moving back and forth, between
the trembling body of the duke and the jumping dog.
The faithful little animal kept trying to cover
the grave of its loving owner with roses,
running down well-kept cemetery lanes, uprooting
rosebushes in bloom, carrying them
to the resting place of the duke. Covering it
completely, the dog went to sleep
among the roses, where it could feel the distant beating
of its master's heart. The Duke of Enghien's little dog
looked more and more like those rosebushes, becoming a rose
itself. And soon enough, no one could distinguish
between the pure roses of the garden
and the transfigured image of the selfless little dog:
everything was a rose now in that resplendent
garden of death.

LA CASA EN RUINAS

Une rose dans les ténèbres
—S. M.

Hoy he vuelto a la casa donde un día
mi infancia campesina conociera
el pavor y la extraña melodía
de encontrar otra vez lo que muriera.

Ya nada atemoriza, nada altera
el ritmo de la sangre. Aquí vivía
(cuando era mi vida primavera)
la que a los niños en dioses convertía.

Vacío el caserón, rotas las jarras
que las rosas colmaron de belleza,
en vano vine en busca de mí mismo:

todo es inútil ya, perdidas las amarras,
y vencedoras las ruinas, es la pobreza
la única rosa nacida en el abismo.

THE RUINED HOUSE

Une rose dans les ténèbres
   —S. M.

I went back to the house in the country
today, where I grew up, only to find
the terror and the strangest melody
of seeing again how things meet their end.

Nothing will ever frighten me or change
the rhythm of my blood because I've lived
(right here, in the springtime of my days)
what can transform a child into a god.

The big house is empty now, and vases,
once overflowing with roses, are smashed.
Looking for myself, in vain, I found this:

what ties me to the past has left no trace;
the ruins prevail, and, impoverished,
a lone rose is growing in the abyss.

SONETO

Debajo de esos lienzos primorosos
que hoy me son luz, naufragio de armonía;
debajo de esos astros soledosos
que hoy resplandecen la mirada mía;

debajo de esos templos poderosos,
diminuto plantel de epifanía
donde recoge trinos dolorosos
el ruiseñor mendigo de armonía,

una sombra estará depositada.
Y nadie ha de saber qué lienzos fueron,
qué tiernas algas, qué insólita mirada,

ni como siendo tales se volvieron,
con sólo el tiempo, con la sola nada,
cenizas que los aires esparcieron.

SONNET

Beneath all this exquisite linen
lighting my day, shipwrecked harmony.
Beneath the solitude of heaven
illuminating the way I see.

Beneath the awesome sanctuaries,
tiny schoolhouse of epiphany
in a place where the nightingale sees
sorrow as song, begs for harmony.

No one will ever understand how
the white cloth, that strange gaze, and algae
came to be what they resemble now

or how time and the void's memory
could turn them into ash anyhow
and scatter everything on the breeze.

CARTA EN EL AGUA PERDIDA

(A Federico García Lorca)

Federico, por hombres como tú
se han inventado palabras como éstas:
Citara, Plenilunio, Narciso, Encantamiento.
Y otras palabras más fuertes todavía:
Corcel, Lágrima, Destino, Sangre.
Y la que duele al párpado, la que penetra
por sí misma sin sosiego hasta el cielo:
Muerte.

¡Un monumento de aguas quisiera levantarte!,
porque pensando en ti me siento ahogado
por un espejo tinto en nieblas,
por un espejo que no dará descanso a mi alma
ni aún después de tener mil años muerta.

Porque tu nombre es ahora de esos
que dichos en voz alta suenan mudos,
tienes un nombre ya que nos castiga las entrañas
como ciertas noches lunares, en que sentimos
asomándose ángeles y peces al barandal del cielo.

¡Sumergido en qué fuente, en qué escalera
con las manos enterradas, despierto para siempre,
Federico, constatas lo increíble,
el vuelo eterno de una incansable mirada

LETTER LOST ON THE WATER

(To Federico García Lorca)

Federico, for men like you,
we have invented words like these:
Zither, Full Moon, Narcissus, Enchantment.
And other, even stronger words:
Steed, Tear, Destiny, Blood.
Who aches beneath your eyelids and, restlessly,
penetrates the sky itself on her own?
Death.

I want to raise a watery monument to you,
because when I think of you, I drown
in a mist-darkened mirror,
a mirror that wouldn't let my soul rest
even if it had been dead for a thousand years.

Because your name belongs to those that,
even when uttered, cannot be heard,
a name that now punishes our guts
like certain lunar nights when we glimpse
angels and fish as they peer over the sky's railing.

Submerged in that fountain, on the staircase
with buried hands, awake forever,
Federico, you prove the incredible true,
the eternal flight of an untiring gaze

que te alberga, que te baña en verde los dedos
y vase hollando, sutil vase por azoteas frías
calculadas para jardines de un millón de años,
Federico, mirando impenetrable las verdades
en qué sitio te encuentras, bajo qué árbol
o en qué tecla de piano te escondes,
nunca, nunca sabremos si quien pasa
te lleva escondido en el pelo,
nunca, querido, nunca podremos jamás beber el agua
porque estarás parado junto a ella,
bajo el lazo infantil, bajo la ceja,
sobre la mano, Federico, responde,
señálate la piel, cierra los ojos,
Federico querido, sonámbulo, perdido!

¡Cuánto llueve debajo de los ojos!,
y todo intenta continuar siendo lo mismo,
las macetas pobladas de claveles, la tristeza
mordiéndose el aliento, todo pretende
mirar al sol de frente todavía, Federico, todo solloza
tuerto, tan incompleto como un día sin noche o sin mañana;
nadie se engaña sin ti, sin una estampa
que fue para la vida una vena regada
desde el cielo. ¡Federico, qué verso tan exacto
se nos queda pensando en que vendrás!

¡Sólo en el sueño engendrado, derribando
hacia atrás hora tras hora, hasta encontrarte
blanco y hermoso en una torre de iglesia cordobesa,

that shelters you, bathes your fingers in green
and simply walks away, slips over cold rooftops
designed for gardens a million years old,
Federico, impenetrably looking at truths
wherever you are, beneath some tree,
or hidden in a piano key,
but we will never, ever know if some passerby
was concealing you in his hair.
Dear friend, we will never be able to drink the water
because you will be standing nearby,
under childhood ties, under eyebrows,
on hands, Federico, answer me,
point to your skin, close your eyes,
dear Federico, lost and walking in your sleep!

It rains so much beneath the eyes!
And everything keeps trying to go on as before,
the clay pots inhabited by carnations, the rasping
sadness of breath, everything attempting
to keep seeing the sun, Federico, sobbing
with one eye, as incomplete as a day without night or tomorrow.
None of us deceive ourselves without you or your image stamped
on life's vein watered
by the sky. Federico, that line of poetry was so perfect,
we would like to believe you'll return!

Alone in the engendered dream, toppling so many things,
hour after hour, until you find yourself,
fair and fine, in a bell tower in Córdoba,

y más atrás aún, hasta encontrarte
dormido en una cuna, Federico, galopando
gozoso el corazón, murmurando palabras oscuras,
signos limpios del cuerpo, de guitarras
desgajando sonrisas, carcajadas, los panderos
agitados desnudos por el viento, los corales,
campanillas para un niño que tenía
ojos de cascabel, ojos de muerto!

Te imagino desnudo por el agua
tiñéndola de azul y de persona,
administrando primaveras,
con la palabra "infinito" entre los dientes
como si fuera una flauta o una manzana.
Te imagino, querido, revolviendo jardines de la Virgen,
virando de revés las Casas de los Ángeles,
buscando anheloso una entrada a la tierra, al ensueño
de muerte que es la vida, el Destino
colgado de la frente de Dios, como una rosa;
aquí la golondrina, el valle cierto, la fuente
donde brota un rojo punto de sangre desvestida
que es la Luna agorera, la impasible bandeja
de la muerte. Aquí ya tus caballos embridados
por senderos de estrellas, recios pechos
nutridos de quimera, un centauro apenas
si al abismo interpelara. Roto el espejo,
y más, rota la vena, con las crines
bordadas en silencio, en agua, en llanto, Federico,
no queda sino el mármol, el aire que traiciona

and even further back, until you see yourself
asleep in a cradle, with a galloping
joyous heart, murmuring dark words,
clean signs of the body, of guitars
torn from smiles, laughter, shaking
tambourines, naked in the wind, strings of coral,
little bells for a child whose eyes
are ringing, whose eyes are dead!

I imagine you naked by the water
in person and staining it blue,
administering springs
with the word *infinite* between your teeth
as if it were a flute or an apple.
I imagine you dead, Federico, stirring the Virgin's gardens,
turning the wrong way in the Houses of the Angels,
searching anxiously for an entrance back into earth, into a reverie
of death that is life, Destiny
suspended from the brow of God, like a rose,
then the swallow, the secure valley, the fountain
from which a red dot of undressed blood emerges
like the fortune-telling Moon, the impassable tray
of death. Here, your horses are bridled now,
guided along pathways of stars, strong chests
fed by chimeras: not even a centaur
could call for help in this abyss. The mirror is broken
and so is the vein, with the manes
woven together in silence, in water, in tears, Federico,
only the marble remains, the branch of violets

al ramo de violetas, las manos desprendidas
conduciendo caballos infernales. Solo, Federico,
presidiendo la lluvia, el nacimiento
de un geranio negro, de una palmera tejida en alabastro,
con todo el cielo dispuesto para el llanto,
desesperado, ciego, acometiendo nubes, impetrando
lágrima, corcel, destino, sangre.

¡Federico! ¡Qué oscura suena la voz cuando te nombra!
Una campana suena, una campana hacia dentro buscando corazón.
Una flecha, querido, te rescata,
isla alargada, isla de niebla, isla concreta,
como ese dolor que pone la belleza en los ojos del hombre,
como esa mansedumbre que tienen al morir los ruiseñores.
Si vieras, querido, cuánta fiesta persiste por la tierra,
cuánta mirada de un dios o de una fuente nos asalta todavía,
Federico, nacido en tiempo impropio, como el lirio
sembrado a la orilla del mar, como la espera dedicada
a un recuerdo cegado por la lluvia, Federico, dirías,
dejadme el corazón, dejadme el sueño.

Una esfera de amor, un firmamento nevado de esperanza,
el pórtico del sueño, la esperanza otra vez, los cristales
de un mar insospechado, aquella gran neblina que se agita
perdiéndose en la noche, la alborada fraguada por el llanto,
cuanto respira camino hondo de la tierra,
la sangre, Federico, la luz, la huella eterna
que nos duele a los hombres por las venas
como duelen al cielo las estrellas. Dejo,

betrayed by the air, the freed-up hands
leading infernal horses. Alone, Federico,
presiding over the rain, the birth
of a black geranium, of a palm tree tiled in alabaster,
with the entire sky ready to cry,
desperate, blinded, assailing clouds, imploring
tear, steed, destiny, blood.

Federico! The voice sounds so obscure when it names you!
A bell rings, an interior bell searching for heart,
an arrow bringing you back, dear friend,
expanding island, fog-island, tangible island,
like sadness that places beauty in human eyes,
like meekness that comes when nightingales die.
If you could see how much merriment persists on earth,
how often the unblinking eyes of a god or a fountain attack us even now,
Federico, born as you were at such an improper time, like the lily
sown beside the sea, like the waiting dedicated
to a memory blinded by the rain, Federico, you'd say,
Leave me my heart! Leave me my dream!

A sphere of love, snowing hope on the firmament,
dream colonnade, hope once again, the windows
of an unexpected ocean, the grand mist that shudders
deeply lost in the night, the dawn forged by tears:
all inhale the deep road of the earth,
the blood, Federico, the light, the eternal tracks
that hurt us all and our veins
the way stars hurt the sky. Dear friend,

querido, el recuerdo, por velos, por afanes
mecido entre tus ojos, ojos de cascabel, ojos
de muerto insomne, presentido en el rostro
de los niños, en la tenue armonía de la lira
pulsada por la voz de la fuente, por el sesgo
de un cabello, desde el cielo.

Como un sacramento te devuelves
por sobre playas colmadas de geranios,
Federico, en cuatro sílabas, los cuatro puntos cardinales
que más luego son mil, son infinitos,
uno de tus cabellos, una sonrisa tuya
cuelga de las manos sagradas de la Aurora,
y tú sigues mirando,
mirando cómo Dios renueva el verde,
y cómo nace aún tanta belleza
que la tierra se llama Federico.

I leave behind the memory for veils, anxieties
swinging between your eyes like bells,
sleepless death eyes, foreseen in the faces
of children, the thin harmony of the lyre,
throbbing with the voice of the fountain, with the angle
of a single hair, from the sky.

You return like a sacrament,
along shorelines covered with geraniums,
in four syllables, Federico, four cardinal points
that become a thousand, then infinite,
like one of your hairs, one of your smiles,
dangling from the sacred hands of Dawn.
And you keep seeing,
seeing God's renewal of everything green,
and also the abundance of newborn beauty
that the earth has named Federico.

MANOS

Me gustaría cortarte las manos con un serrucho de oro.
O quizás fuera mejor dejarte las manos en su sitio
y rodearte el cuerpo con una muralla de cemento,
con sólo dos agujeros precisos
para que por ellos sacases las manos a que aleteasen,
como palomas o como prisioneros de un rey implacable.

Tus manos estarían bien guisadas con tiernos espárragos,
doradas lentamente al horno de la devoción y del homenaje;
tus manos servidas por doncellas de cofias verdes,
trinchadas por Trimalción con tenedores de zafiro.
Porque después de todo hay que anticiparse a la destrucción,
destruyendo a nuestro gusto cuanto amamos:
y si tus manos son lo más hermoso de tu cuerpo,
¿por qué habíamos de dejar que pereciesen envejecidas,
sarmentosas ya, horripilantes manos de anciano general o
    magistrado?

Procedamos a tiempo, y con cautela: un fino polvo de azafrán,
unas cucharaditas de aceites de la Arabia perfumante,
y el fuego, el fuego santificador, el fuego que perpetúa la belleza.
Y luego tus manos hermosísimas ya rescatadas para siempre.
Empanizadas y olorosas al tibio jerez de las cocinas:
¡comamos y salvemos de la muerte, comamos y cantemos!

HANDS

Are you blind to the fact that God gave you those hands?
I'm asking you again.
　　—Vicente Huidobro

I would like to cut off your hands with a golden saw.
Or perhaps it would be best to leave them alone
and enclose your body in a wall of cement,
with only two exact holes
for you to stick out your hands and flap them
like a dove's wings or like prisoners of an implacable king.

Your hands would be delicious, cooked with tender asparagus,
turning a golden brown in an oven of devotion and homage;
your hands served up by maidens with their hair in green nets,
carved by Trimalchion, with sapphire forks.
Because, after all, one needs to expect destruction,
destroying all we love as we see fit:
and if your hands are the most beautiful parts of your body,
why should we allow them to grow old and perish,
vinelike, horrifying hands of ancient generals or magistrates?

Let us proceed in a timely way and with caution:
　　　　　a fine dusting of saffron,
some teaspoons of perfumed Arabian oil,
and the fire, fire that sanctifies, fire perpetuating beauty.
And then your lovely hands, recovered for the ages,
basted and flavored with sherry.
Let us eat and save them from death! Let us eat and sing!

¿Irías a ser ciega que Dios te dio esas manos? Creo que sí.
Por eso te suplico pases por el verdugo mañana a las seis en punto,
y dejes que te cercene las manos prodigiosas: salvadas quedarán,
habrá para ellas un altar, y nos reiremos, nos reiremos a coro,
de la cólera ya inútil de los dioses.

Are you blind to the fact that God gave you those hands?
    You must be.
That is why I implore you to visit the executioner, tomorrow,
    at exactly six o'clock,
and allow him to lop off your prodigious hands:
    for they shall be saved.
There will be an altar for them, and a chorus of our laughter
    will rise.
We will laugh at the gods and their useless mirth.

EPICEDIO PARA LEZAMA

Tiempo total. Espacio consumado.
No más ritual asirio, ni flecha, ni salterio.
El áureo Nilo de un golpe se ha secado,
y queda un único libro: el cementerio.

Reverso de Epiménides, ensimismado
contemplabas el muro y su misterio:
sorbías, por la imagen de ciervo alebestrado,
del unicornio gris el claro imperio.

Sacerdotes etruscos, nigromantes,
guerreros de la isla Trapobana,
coregas de Mileto, rubios danzantes,

se despidieron ya: sólo ha quedado,
sobre la tumba del pastor callado,
el zumbido de la abeja tibetana.

EPICEDIUM FOR LEZAMA

Time. All of time. And space eaten whole.
No Persian rites, arrows, or psaltery.
What dries up now is a Nile of gold.
All that's left is the book-cemetery.

Epimenides' self-absorbed pair,
you stared at the wall and its mystery.
Through the image of a frightened deer
and gray unicorn, you sipped clarity.

Some Etruscan priests and sorcerers,
Trapobana soldiers setting out to sea,
patrons from Miletus, fair dancers—

they've all said goodbye. Nothing can be saved
above the silenced shepherd in his grave
except that buzzing Tibetan bee.

LA LUNA Y EL NARANJO

Hoy he visto un naranjo florecido
bajo la luz lunar; sus racimos
silenciosos nevaban lo nocturno.
Cuando la luna incline la cabeza
detrás del rubio espejo de la aurora,
estas flores serán patria encarnada
de un pueblo tumultuoso.
Los dorados cuerpos henchidos,
gloria matinal de los jardines,
erguidos estarán.

Yo estaré ausente. Ausente
de la aurora y de la noche,
soñando bajo el cuerpo informe de los astros
con la invariable nieve del naranjo.

Y si la luz me falta allá en lo oscuro,
recordaré los cánticos dorados,
los jugos rumorosos del naranjo,
la luna floreciendo en su rocío
como si fuese un rostro de doncella
predilecta de Dios y del naranjo.

THE MOON AND THE ORANGE TREE

I saw an orange tree flowering
in moonlight, the clusters falling
as silently as snow in the night.
For a tumultuous town,
when the moon's face ducks down
behind dawn's glowing mirror,
flowers are homeland incarnate.
Their gilded bodies,
a garden's glorious dawn,
will be full and lush.

But I will be gone. Gone away
from the dawn and the night,
dreaming beneath a formless universe
along with the orange tree's constant snow.

And if, in the dark, I begin to miss the light,
I'll remember the gilded canticles,
the murmuring juices of the oranges,
the moon flowering in its dew
as if it had become a girl's face—
God's favorite, and the orange tree's, too.

F . G . L .

Paz. La muerte se ha sentado
por caminos de acero sobre un pecho.
Comienza a amanecer, ábrese el lecho
donde muestra un espejo lo soñado.

Ahora el vivir se extiende convocado
hacia inmedible campo, hacia el trecho
más claro de su ser; va sin acecho
derramando silencio iluminado.

Ya comienza a entender . . . Bebe el aroma
de una nieve que alberga, de una playa
por cuyo suelo nunca el toro asoma.

Soñadle puesto en Dios. Soñad que estalla
risa y verso y pasión; soñadle aroma
que en lumbres canta la invisible playa.

F.G.L.

Peace. Now it's death that has landed
on the steel bands around his chest.
Today the dawn unmakes his bed,
and his dreams play on in the mirror.

A whole life has been summoned into
a limitless field, space still empty
of his being. He decides to go,
to hear his luminous silence spill.

He will need to drink the fragrance
of the snow he shelters, of the sands
that could open and swallow a bull.

Dream of him as our gift to God, bursting
with laughter, verse, passion. Dream of him—
sweet fires on unseen shores start to sing.

EPÍLOGO DE LOS TRADUCTORES

NUESTRO PRIMER ACERCAMIENTO AL POETA CUBANO Gastón Baquero fue en el lujoso tren de alta velocidad (AVE) entre Madrid y Sevilla, mientras corría de regreso hacia la estación de Atocha en el atardecer del 5 julio de 1999. Steven F. White y yo habíamos pasado un día extraordinario, productivo pero excesivamente caluroso en Sevilla, una ciudad rica y sensual, semejante quizás a los poemas de Baquero que tienen una gran densidad, pasillos estrechos y complejos, y reservas asombrosas de contenido emotivo. Mientras mi cuerpo castigado por el calor intentaba refrescarse en el tren, y mi mente luchaba para darle sentido a la riqueza de imágenes, información y personalidades que me habían bombardeado durante el día, yo sentía la urgente necesidad de relajarme y dormir un buen rato. Pero mi inquieto amigo tenía en sus manos un ejemplar de la *Poesía completa* (Madrid: Editorial Verbum, 1998) de Baquero, un libro que nos había obsequiado su editor, Pío E. Serrano, en Madrid el día anterior. A cada rato mi amigo me sacudía, y en una voz baja pero insistente me decía, "¡Greg! ¡Despiértate! ¡Tienes que ver esto!"

El libro que quería mostrarme, con el cual me he familiarizado mucho desde ese entonces, es, por cierto, una edición impresionante, y bien merecía cualquier sacrificio de sueño de mi parte para conocerlo. Se trata de una labor que evidencia de dignidad y amor, que recoge en sus páginas toda la poesía conocida, proveniente de libros, antologías o revistas, que Baquero publicara durante su vida (1918–1997), tanto en Cuba como en España, así como poesía dispersa, inédita, y de su juventud. Como Steve y yo nos contamos entre los primeros "mineros" dispuestos a trabajar esta rica veta en inglés, con el permiso de Pío, nos sentíamos libres de ir explorando las varias colecciones y secuencias. El resultado fue que escogimos para nuestra antología sólo los poemas que nos parecían más propicios para reveler la fuerza del español de Baquero en nuestra traducción.

El reconocimiento de que nuestro método ha sido intuitivo y que no hemos pretendido un acercamiento crítico ni exhaustivo de la poesía de Baquero, no debe ser interpretada como una sentencia de que otros criterios alternativos no sean posibles ni deseables. Pío E. Serrano, por ejemplo, ha sido incansable en su papel como el editor de Baquero, y las nueve páginas de referencias bibliográficas que preparó para *Poesía completa* bien podrían servir como punto de partida para cualquier valoración crítica de toda la obra del poeta.

Steve y yo aceptamos de manera consciente la idea de Pío (en su introducción a *Poesía completa*) de que los poemas más tardíos de Baquero, escritos en el exilio en España después de un prolongado silencio poético, representaban "una lúcida y maravillosamente clara espresividad, geométricamente inversa a la gravedad tonal que caracteriza tan rigurosamente a sus primeros poemas." Fue entre los poemas de España, por ejemplo, que descubrimos *Silente compañero*, ese denso y estupendo antídoto al ambiente desilusionado y maniático de *Testamento del pez*.

Hasta cierto punto, claro está, se justificaba la desilusión. El nombre de Baquero, según nos informó Serrano, fue sacado de los diccionarios de autores y libros de texto en Cuba después de su exilio, y tanto sus libros ya publicados como las futuras publicaciones de su obra fueron prohibidos. Afortunadamente para nosotros, un acercamiento totalitario a la crítica literaria nunca tiene éxito, salvo cuando se trata de tentar a los que supuestamente deben ser protegidos de la supuesta heterodoxia. En su biblioteca privada, por ejemplo, Serrano tiene una colección de libros de poesía y antologías de Cuba que fueron editados clandestinamente en papel de envolver con dibujos y una encuadernación con hilo artesanales, libros que luego fueron sacados clandestinamente de Cuba. Creo que fue debido en gran parte a la persistencia de poetas casi anónimos (y sus bibliotecarios) que una nueva y amplia antología de la poesía de Baquero *La patria sonora de los frutos*, organizada por Efraín Rodríguez Santana, se publicara en La Habana en el 2001.

La reacción de Baquero a su propio exilio fue extremadamente compleja. No solo Baquero se prohibía mencionar esta condición explícitamente en su poesía ("ni el desencanto ni el resentimiento," dice Serrano), sino que el poeta buscaba con su mano en el profundo bolsillo de la ironía para encontrar el título de su último libro *Poemas invisibles*. Pero por reservada que fuera su actitud, nos resulta difícil leer los poemas tardíos y no relacionar las muchas referencias a la expulsión de Adán del Jardín de Edén con el exilio del poeta. La respuesta más irrefutable, por supuesto, es la poesía tan enraizada en el lujuriante jardín (desde el cual él fuera expulsado) que crea sin esfuerzo una nostalgia activa y concurrente por los lugares en la tierra que cualquier lector pudiera haber perdido.

Cada poeta exilado lucha por regresar a ese espacio con sus palabras. Después de su expulsión, Baquero se sumergió en "la inmersión absoluta de la intimidad del lenguaje" de su mentor José Lezama Lima. Pero Baquero rehusó presentar sus descubrimientos a la manera de Lezama, es decir como un *monólogo deslumbrante* (de acuerdo con Pío E. Serrano). Una mejor descripción de su poética sería considerarla como *diálogo deslumbrante* porque Baquero se lanzaba a una colaboración con todos sus otros mentores, tanto en la poesía como en la música. Steve y yo hemos seleccionado para traducir los textos que Baquero escribió como homenajes a Rilke, Cocteau y García Lorca, y, por cierto, los nombres de las otras presencias que lo acompañan constituyen una verdadera lista de honor de la literatura y de la música modernas.

Las referencias en algunos de los poemas más largos en verso libre de Baquero como, por ejemplo, *Carta en al agua perdida* indican un conocimiento de la visita de Lorca a La Habana en 1930 cuando Baquero era un adolescente. Si los dos poetas se hubieran conocido, no habrían perdido el tiempo hablando sobre el potencial de Baquero como agrónomo, una carrera que estudió pero que después abandonó a favor del periodismo y la poesía. Tampoco habría sido provechosa una conversación sobre Lorca como posible abogado, el sendero profesional que su padre le había señalado. De hecho, Lorca, a los 32 años, todavía se mantenía con el apoyo económico de sus padres, y pudo ganar algún dinero extra con sus conferencias sobre música y poesía en varias cuidades cubanas. Por entonces, gozaba ya de fama mundial y de un éxito relativo en términos económicos como dramaturgo. Su llegada a La Habana fue anunciada en el periódico *Diario de la Marina* por el escritor Rafael Suárez Solís. En pocos años, Baquero llegaría a ser un jefe de redacción del mismo periódico. Pero Jesús Díaz, un compatriota cubano que alabó a Baquero de una forma brillante en 1997 en el periódico español *El País*, nos recuerda con razón que Baquero en los años cuarenta era un hombre que "nació con todas las de perder: era negro, homosexual, pobre y poeta en Cuba, como cualquier país racista, machista y clasista, donde la poesía era oficio de locos." Lo que Lorca y Baquero habrían compartido, además de un profundo y perdurable amor a la poesía era aún menos común: "una inteligencia y un carácter absolutamente excepcionales," según Díaz, que con el tiempo les permitiría a ambos realizarse como artistas a pesar de su existencia en sociedades que los excluían y que eran fundamentalmente hostiles a sus aspiraciones más hondas.

Por imaginario que fuera el contacto entre La Habana de Lorca y Baquero, esta virtualidad fue sin duda alimentado y sostenido por Baquero como una afinidad de por vida con Lorca y sus técnicas poéticas. Las largas y convincentes secciones de verso libre baquerianas se entrelazan, tal como en la poesía de Lorca, con secuencias de sonetos, madrigales y otras formas tradicionales. A veces el poeta se hunde en el surrealismo, pero la mayoría de los poemas de Baquero demustran las estrategias y expectativas del espiritualismo y el sortilegio. En su deseo de ser escuchados, los poemas tiemblan con una urgencia acumulada y casi dolorosa que parece haber surgido desde las profundidades melódicas de la tierra. Y, como toda gran música, poseen la suerte de poder que inspira a la vez que intriga, transformándole a cualquier lector sin coacción, sin culpabilidad. Baquero nos dice que el primer Adán, "por el verbo del agua se hizo humano." Y una vez que alcanzó su humanidad, se trasladaba por el agua misma, por la angustia y el delirio, "hacia el jardín cercano / e incendió con su luz el astro frío." Ha sido nuestro propósito aquí exponer a la luz algunos de los poemas de intimidad de Baquero, sabiendo que dentro de poco otros lectores comenzarán a solearse en su calor opulento e incandescente.

GREG SIMON, *Portland, Oregon*

OUR FIRST INTRODUCTION TO THE CUBAN POET Gastón Baquero came on the luxurious AVE bullet train between Madrid and Seville, as it sped back to Atocha Station in the early evening of July 5, 1999. Steven F. White and I had spent a fabulous, productive, but very hot day in Seville, a rich and sensuous city, not unlike Baquero's poems, of extreme density, complex, narrow passageways, and astonishing reservoirs of emotion. As my heat-stunned body tried to cool down in the comfort of the train, and my mind struggled to make sense of the wealth of images, information, and personalities with which it had been bombarded during the day, I desperately wanted to drift off into sleep. But my restless friend had a copy of Baquero's *Poesía completa* (Madrid: Editorial Verbum, 1998) in his hands, a volume presented to us the day before in Madrid by its editor, Pío E. Serrano, and Steve kept shaking me awake every two or three minutes. "Greg!" he'd whisper fiercely. "Wake up! You've got to see *this*!"

The book he was trying to show me, with which I have since become very familiar, is indeed an impressive publication, and well worth whatever sacrifice of comfort or sleep might be required to get to know it. An obvious labor of both integrity and love, it presents all of the known poetry that Baquero published in book or anthology form during his lifetime (1918–1997), in both Cuba and Spain, as well as groups of uncollected and unpublished poems and juvenilia. As we are among the first miners of this rich lode to be working in English, Steve and I, with Pío's permission, felt free to roam through the various collections and sequences at will. We chose for the present anthology only those poems that seemed to make their presence most strongly felt in translation, after we had ascertained, to the best of our ability, their strength in Spanish.

This admission that our method was intuitive—intended to represent neither a critical nor an exhaustive approach to Baquero—should not be interpreted to mean that other approaches are somehow unworthy, much less impossible. Pío E. Serrano, for instance, has been tireless in his role as Baquero's editor, and the nine pages of bibliographical material he provided in *Poesía completa* would serve as a more than adequate starting point for any critical assessment of the poet's entire work.

Steve and I took as a conscious guideline Pío's suggestion (in his prefatory essay to the *Poesía completa*) that Baquero's later poems, written in exile in Spain after a lengthy poetic silence, represented "a lucid and marvelously bright expressiveness, geometrically inverse to the tonal gravity adhered to so rigorously in his early poems." It was among the poems from Spain, for example, that we discovered "Silent Companion," that dense and stupendous antidote to the manic gloominess of "Testament of the Fish."

Not that gloom was unjustified. Baquero's name, Serrano informs us, was removed from biographical dictionaries and textbooks in Cuba after he was exiled; his works were banned, and further publication prohibited. Luckily for us, a totalitarian approach to literary criticism never succeeds, except perhaps to whet an appetite among those who are supposedly being protected from alleged heterodoxy. In his private library, for example, Serrano has a collection of Cuban poetry books and anthologies that were printed surreptitiously on wrapping paper, illustrated by hand and bound with string, and then smuggled out of Cuba. No doubt it is due in large part to the perseverance of these unsung poets (and their librarians) that a brand-new, comprehensive anthology of Baquero's poetry, *La patria sonora de los frutos (The Harmonious Country of Fruit)*, edited by Efraín Rodríguez Santana, was published in Havana in 2001.

Baquero's reaction to his exile was very complex. Not only did he seemingly forbid himself any direct mention of it in his poetry ("far from cultivating disenchantment and resentment," as Serrano says), he reached very deeply into the pocket of irony and called his last book *Poemas invisibles*. But however cool his attitude, it is difficult for us not to equate the many references in the later poems to Adam's expulsion from the Garden of Eden with the poet's own exile. The most irrefutable of responses, of course, is writing rooted so deeply in the lush garden from which he was expelled that it effortlessly creates a concurrent, active nostalgia for any place on earth that a reader might have been separated from.

Every exiled poet fights to return with his words. After his expulsion, Baquero plunged into his mentor José Lezama Lima's "absolute immersion in linguistic intimacy." But Baquero did not continue to present his findings in Lezama's manner as a *monólogo deslumbrante*, as Serrano puts it—a dazzling monologue. No, the proper expression would be *dazzling dialogue*, as Baquero launched into collaboration with all of his other influences, poetic and musical. Steve and I have chosen to translate what he wrote in homage to Rilke, Cocteau, and Lorca, but the names of his other collaborators make up a veritable who's who of modern literature and recorded music.

References in several of Baquero's longer, free verse poems, such as "Letter Lost on the Water," indicate an awareness of Lorca's visit to Havana in 1930, when Baquero himself would still have been a teenager. Had the two poets met, they certainly would not have wasted time discussing Baquero's potential as an agronomist, a career he pursued but then abandoned for journalism and poetry. Nor would it have been profitable for them to consider Lorca's prospects as a lawyer, the path (not followed) that had been chosen for him by his father. In fact, at age thirty-two, the poet was living on a monthly allowance from his parents, picking up extra cash by lecturing in various Cuban towns on music and poetry, and still very much on the cusp of worldwide acclaim and financial success as a playwright. His arrival in Havana was announced in the daily newspaper *Diario de la Marina* by one of its writers, Rafael Suárez Solís. In just a few years, Baquero would become a managing editor for that same newspaper. But Jesús Díaz, a fellow Cuban who brilliantly eulogized Baquero in the Spanish newspaper *El País* in 1997, correctly reminds us that Baquero in the 1940s was a man who had been "born with everything to lose: he was black, gay, poor, and a poet in Cuba—a racist, male-dominated country obsessed with social classes in which writing poetry is a profession for crazy people." What Lorca and Baquero would have found in common, besides a deep and abiding love of poetry, was even rarer: "absolutely exceptional intelligence and character," according to Díaz, that would eventually allow both of them to thrive as artists despite their forced existence in societies that excluded them and were basically hostile to their deepest aspirations.

However imaginary the contact might have been between Lorca's Havana and Baquero's, it was certainly nourished and maintained by Baquero as a lifelong affinity for Lorca and his poetic techniques. Long persuasive passages of free verse are interspersed, as in Lorca's collected poems, with sequences of sonnets, madrigals, and other traditional forms. There are occasional bows to surrealism, but more often than not Baquero's poems exhibit the strategies and expectations of spiritualism and incantation. They tremble with a cumulative, almost painful urgency to be heard that seems to have arisen from the melodic depths of the earth. And like all great music, they possess the kind of power that inspires and intrigues and leads anyone who comes into contact with it to transformation without coercion or guilt. "Through the water-word," Baquero tells us in "Genesis," the first Adam "became human." And once he was human, he moved through water itself, through anguish and delirium, "toward the garden nearby, / and with his light, he set a cold star ablaze." It has been our purpose here to thrust a few of Baquero's intimist poems into the light. We are confident that soon enough other readers will begin to bask in their opulent, incandescent heat.

GREG SIMON, *Portland, Oregon*

GLOSSARY OF NAMES | GLOSARIO ONOMÁSTICO

THE EPIGRAPH TO THE COLLECTION, chosen by the translators, is from the last stanza of the 1855 edition of Whitman's *Leaves of Grass*.

El epígrafe al presente volumen, escogido por los traductores, proviene de la última estrofa de la edición de 1855 de *Leaves of Grass*.

PROLOGUE

Giambattista Vico
> Italian philosopher and social architect (1668–1744).
> Filósofo y arquitecto social italiano (1668–1744).

Cintio Vitier
> Cuban poet, born in 1921, one of the founders of *Orígenes*.
> Poeta cubano que nació en 1921 y que era uno de los fundadores de *Orígenes*.

María Zambrano
> Andalusian philosopher and critic who taught in Cuba.
> Filósofa y crítica andaluza que enseñó en Cuba.

Luis Cernuda
> Spanish poet from Seville, included in the Generation of '27, who died in Mexico City in 1963.
> Poeta sevillano afiliado con la llamada Generación del '27 que murió en México, D.F., en 1963.

Luis Antonio de Villena

Spanish poet and literary critic, born in Madrid in 1951.

Poeta y crítico literario español que nació en 1951.

Octavio Paz

Mexican poet and translator, but also a social and literary critic whose brilliance may not be seen again for quite some time. Paz was awarded the Nobel Prize in 1990; he died in 1998.

Poeta y traductor mexicano, pero también un crítico social y literario cuya brillantez no se va a repetir por mucho tiempo. Paz ganó el Premio Nobel en 1990; murió en 1998.

Jorge Luis Borges

Argentine poet, translator, and professional librarian. Borges perfected the short imaginative tale that is now a commonplace of modern literature. He died in 1986.

Poeta, traductor y bibliotecario profesional de Argentina. Borges perfeccionó el cuento corto fantástico que ahora se usa para definir la literatura moderna. Murió en 1986.

"THE RIVER" | "EL RIO"

José Olivio Jiménez

Contemporary Spanish poet, now professor emeritus at New York University.

Poeta contemporáneo español y profesor jubilado de la Universidad de Nueva York.

"SONNET TO THE ROSE" | "SONETO A LA ROSA"

Francis Thompson

English poet (1857–1907). Thompson was also the author of a well-received monograph on Percy Bysshe Shelley. Baquero's epigraph is from a long poem entitled "The Mistress of Vision," published in *Sight and Insight* (1897), a collection of Thompson's poetry. Section XXIV reads in full:

And as a necromancer
Raises from the rose-ash
The ghost of the rose;
My heart so made answer
To her voice's silver plash,—
Stirred in reddening flash,
And from out its mortal ruins the purpureal phantom blows.

Poeta inglés (1857–1907). Thompson también fue el autor de una monografía bien recibida sobre Percy Bysshe Shelley. El epígrafe es de la sección XXIV del poema largo "The Mistress of Vision," publicado en *Sight and Insight* (1897), un libro de la poesía de Thompson. El fragmento mayor en que aparece el epígrafe está citado arriba.

Percy Bysshe Shelley

English poet born near Horsham, Sussex, on August 4, 1792, who drowned in the Mediterranean Sea off the coast of Italy on July 8, 1822. The epigraph to Baquero's poem "Rose lives, when rose is dead"—is a slight misquotation of a line from one of Shelley's posthumous poems, "Music, when soft voices die," although the error does not subvert the sense of the original:

Music, when soft voices die,
Vibrates in the memory—
Odours, when sweet violets sicken,
Live within the sense they quicken.
Rose leaves, when the rose is dead,

Are heaped for the belovèd's bed;
And so thy thoughts, when thou art gone,
Love itself shall slumber on.

Poeta ingles que nació cerca de Horsham, Sussex el 4 de agosto de 1792 y se ahogó en el mar Mediterráneo cerca de la costa de Italia el 8 de julio de 1822. El epígrafe, a pesar de un error ortográfico, es un buen uso de un verso de uno de los poemas póstumos de Shelley.

"HOMAGE TO JEAN COCTEAU" / "HOMENAJE A JEAN COCTEAU"

Jean Cocteau ("J. C.")

French poet, novelist, and playwright, who was born near Paris on July 5, 1889, and died at Milly-la-Forêt on October 11, 1963. Cocteau's plays were an early and influential element in the development of surrealism.

Poeta, narrador y dramaturgo francés que nació cerca de Paris el 5 de julio de 1889 y murío en Milly-la-Forêt el 11 de octubre de 1963. Las obras de teatro de Cocteau ejercieron una temprana y decisiva influencia en el desarrollo del surrealismo.

Paul Eluard

French poet and art collector, also associated with surrealism, who died in 1952.

Poeta francés y coleccionista de arte, asociado con el Movi-miento Surrealista, que murío en 1952.

Conrad Aiken

> American poet and novelist, born in 1889 in Savannah,
> Georgia, where he died in 1973. The epigraph is from the
> first stanza of "Discordants," written during World War I:

> Music I heard with you was more than music,
> And bread I broke with you was more than bread;
> Now that I am without you, all is desolate;
> All that was once so beautiful is dead.

> Nació en Savannah, Georgia en 1889 y murió allí en 1973. El ep
> grafe se encuentra en la primera estrofa de "Discordants"
> (véase el fragmento citado arriba) que el poeta escribió
> durante la Primera Guerra Mundial.

Rainer Maria Rilke

> Austrian lyric poet, born in Prague in 1875, who wrote in both
> German and French. The photograph of Rilke as a child to
> which Baquero refers can be seen on the cover of J. F.
> Hendry's *The Sacred Threshold: A Life of Rainer Maria Rilke*
> (Manchester: Carcanet New Press, 1983). Rilke died in 1926,
> in Switzerland.

> Poeta lírico austríaco que escribió en alemán y francés. Nació
> en Praga en 1875 y murió en Suiza en 1926. La fotografía de
> Rilke cuando era niño que aparece como referencia en este
> poema se puede apreciar en la portada del libro de J. F.
> Hendry *The Sacred Threshold: A Life of Rainer Maria Rilke*
> (Manchester: Carcanet New Press, Manchester, 1983).

Giovanni Battista Pergolesi
>   Italian composer (1710–1736).
>   Compositor italiano (1710–1736).

Stéphane Mallarmé ("S. M.")
>   French poet (1842–1898). Baquero's epigraph—"A rose in the
>   darkness" ("Une rose dans les ténèbres")—is the last line
>   from a sonnet that begins, "Surgi de la croupe et du bond ..."
>   Poeta francés (1842–1898). El epígrafe es el último verso de un
>   soneto que comienza, "Surgi de la croupe et du bond ..."

Federico García Lorca
>   Andalusian poet, born in 1899, who was assassinated near
>   Granada in 1936. In the spring of 1930, García Lorca toured
>   Cuba, giving lectures and poetry recitals. According to his
>   biographer Ian Gibson, Baquero's poetic mentor, José
>   Lezama Lima, attended one of these events.
>   Poeta andaluz que nació en 1899 y murió asesinado cerca de
>   Granada en 1936. Lorca presentó ponencias y recitales de
>   poesía en varios lugares de Cuba en la primavera de 1930.
>   Según el biógrafo de Lorca, Ian Gibson, José Lezama Lima,
>   el mentor poético de Baquero, asistió a uno de estos eventos.

"HANDS" | "MANOS"

Vicente Huidobro

Chilean poet (1893–1948). Huidobro was a force to be reckoned with in Paris and Madrid after World War I. He had his own poetic movement, creationism, and was also associated with ultraism. The epigraph to Baquero's poem is from Canto II of Huidobro's book-length poem, *Altazor* (1931).

Poeta chileno (1893–1948). Huidobro era una presencia literaria formidable en Paris y Madrid después de la Primera Guerra Mundial. También lideraba su propio movimiento estético, el Creacionismo, que se asociaba también con el Ultraísmo. El epígrafe viene del Canto II del poema largo *Altazor* (1931).

Trimalchion

Wealthy Roman epicure whose infamous feast is the subject matter of several chapters in the *Satyricon* of Petronius (27–66 AD).

Romano rico y epicúreo cuyo banquete infame aparece en varios capítulos del *Satyricon* de Petronio (27–66 AD).

"EPICEDIUM FOR LEZAMA" | "EPICEDIO PARA LEZAMA"

José Lezama Lima

José Lezama Lima was born in Havana on December 19, 1910. He eventually filled his comfortable house with over ten thousand books, and this fabulous library became the site of countless literary meetings with other writers. His best-known book is the novel *Paradiso* (1966), published in a masterly, inimitable translation by Gregory Rabassa in 1974. Lezama died in 1976.

José Lezama Lima nació en La Habana, Cuba el 19 de diciembre de 1910. Poco a poco, su casa cómoda se llenó de más de diez mil libros, y esta biblioteca extraordinaria se convirtió en el sitio de numerosos encuentros literarios con otros escritores. Su libro más conocido es la novela *Paradiso* (1966) que fue traducido al inglés de una manera magistral e inimitable por Gregory Rabassa en 1974. Lezama murió en 1976.

Epimenides

Poet and prophet of Crete, and one of the founders of Orphism, who lived in the sixth century BC. While tending his father's flocks, he is said to have fallen into a sleep that lasted fifty-seven years.

Poeta y profeta de Creta y uno de los fundadores del Orfismo que vivió en el siglo VI antes de Cristo. Mientras cuidaba los rebaños de su padre, dicen que quedó adormecido durante 57 años.

Trapobana

Ancient name of Sri Lanka.

Nombre antiguo de Sri Lanka.

Miletus

Mileto is an ancient town at the foot of Monte Poro, in Calabria, the southernmost region of Italy.

Mileto, un pueblo antiguo al pie de Monte Poro, en Calabria, la región más al sur de Italia.

Poemas. Havana: Talleres de Serafín García, 1942.

Saúl sobre su espada. Havana: Ediciones "Clavileño," 1942.

Memorial de un testigo. Madrid: Ediciones Rialp, Colección "Adonais," 1966.

Magia e invenciones. Edited by Pedro Shimose. Madrid: Ediciones Cultura Hispánica, 1984.

Poemas invisibles. Madrid: Editorial Verbum, 1991.

Autoantología comentada. Madrid: Signos, 1992.

Poesía completa. Edited by Alfonso Ortega Carmona et al. Salamanca: Fundación Central Hispano, Colección Fundamental, 1995.

Antología (1937–1994). Edited by Efraín Rodríguez Santana. Bogotá: Editorial Norma, 1996.

Testamento del pez (antología). Edited by Alfredo Zaldívar. Matanzas, Cuba: Ediciones Vigía, 1996.

Poesía completa. Edited by Pío E. Serrano. Madrid: Editorial Verbum, 1998.

Poesie invisibili e altre magie (Antologia poetica). Edited and translated by Gaetano Longo. Firenze: Le Lettere, 2001.

La patria sonora de los frutos (Antología poética). Edited by Efraín Rodríguez Santana. Havana: Editorial Letras Cubanas, 2001.

GREG SIMON was born in Minnesota but has spent most of his life in the Pacific Northwest. He was educated in Seattle, Iowa City, and Palo Alto, where he studied poetry and translation with Mark Strand, Donald Justice, and John Felstiner, among many other excellent poets, teachers, and fellow writers. He has published translations of poetry from the work of Spanish, Portuguese, German, and Russian writers and is the co-translator, with Steven F. White, of Federico García Lorca's *Poet in New York* (1988). He has edited books for the Bosnian poet Ferida Duraković and for Tess Gallagher and is currently associate editor with Trask House Books and *The Salt River Review*. He lives in Portland, Oregon, with his wife and two daughters, in an old wooden house overlooking the Willamette River.

STEVEN F. WHITE has edited and translated anthologies of contemporary poetry from Nicaragua, Chile, and Brazil. He is the author of *Modern Nicaraguan Poetry: Dialogues with France and the United States* (1993) and the co-translator, with Greg Simon and Andrew Hurley, of *Rubén Darío: Selected Writings* (Penguin Books, 2005). He has also written five volumes of poetry, including *Landscape with One Candle and Assyrian Bees* (1995), which was published in a bilingual edition in Brazil, and *Fire that Engenders Fire* (2000), which appeared in a bilingual edition in Madrid. A corresponding member of the Nicaraguan Academy of the Language, he teaches Spanish and Portuguese at St. Lawrence University in upstate New York.